JN431285

영상 아카이브

커뮤니케이션이해총서

급변하는 커뮤니케이션 환경에서 새로운 지식에 대한 욕구가 높아지고 있습니다. 이러한 흐름에 발맞추어 하나의 커뮤니케이션 주제를 10개 항목으로 묶어서 달걀 꾸러미처럼 엮었습니다. 사회의 변화를 빠르게 알기 원하는 대중과 시대에 앞선 지식을 단시간에 알고자 하는 연구자, 실무자, 학생에게 도움이 되는 책입니다.

일러두기

- 인명, 작품명, 저서명, 개념어 등은 한글과 함께 괄호 안에 해당 국가의 원어를 병기했습니다.
- 외래어 표기는 현행 어문규정의 외래어표기법을 따랐습니다.
- 유네스코와 여러 영상 아카이브 국제기구에서 언급하는 Audiovisual Archives는 시청각 아카이브, 시청각 기록, 시청각 기록관, 영상 아카이브 등으로 다양하게 번역되지만, 이 책에서는 '영상 아카이브'로 용어를 통일했습니다.
- 이 책에서 지칭하는 '영상 문화유산'은 유네스코 등에서 말한 Audiovisual Heritage의 번역어입니다. Audiovisual Heritage는 우리말로 시청각 유산, 시청각 문화유산 등으로도 번역됩니다.

영상 아카이브

정회경 · 최효진

대한민국, 서울, 커뮤니케이션북스, 2025

영상 아카이브

지은이 정회경 · 최효진
펴낸이 박영률

초판 1쇄 펴낸날 2025년 2월 28일

커뮤니케이션북스(주)
출판 등록 2007년 8월 17일 제313-2007-000166호
02880 서울시 성북구 성북로 5-11
전화(02) 7474 001, 팩스(02) 736 5047
commbooks@commbooks.com
www.commbooks.com

CommunicationBooks Inc.
5-11, Seongbuk-ro
Seongbuk-gu, Seoul, 02880, KOREA
phone 82 2 7474 001, fax 82 2 736 5047

이 책은 커뮤니케이션북스(주)가 저작권자와 계약해 발행했습니다.
본사의 서면 허락 없이는 어떠한 형태나 수단으로도
이 책의 내용을 이용할 수 없음을 알려드립니다.

© 정회경 · 최효진, 2025

ISBN 979-11-7307-849-1

책값은 뒤표지에 표시되어 있습니다.

차례

문화유산 보존 체계로서 영상 아카이브

방송 영상 콘텐츠는 우리 사회의 역사적 기록이자 근현대 문화유산으로서 미학적·교육적·문화적 가치를 지닌다. 글로벌화와 상업화가 점차 심화하는 미디어 시장에서 방송 영상 콘텐츠의 경제적 가치가 특히 강조된다. 최근 지상파 주요 방송사를 중심으로 2000년대 중반 구축한 사내 아카이브를 배타적으로 활용하며 자사 수익 창출 전략을 지속적으로 모색하고 있다. 지상파 방송사의 과거 방송 프로그램이나 촬영 원본을 활용한 '아카이브 콘텐츠' 제작이 늘어나고 있다. 또한 자사가 보관하는 방송 콘텐츠를 활용한 아카이브 플랫폼을 구축해 일반에 유상 또는 무상으로 제공하기도 한다.

이에 따라 단순 재시청을 넘어 연구·교육·창작 목적으로 방송 영상 콘텐츠를 활용하고자 하는 시청자 수요가 꾸준히 증가하고 있다. 또한 한국 영화·대중가요·드라마 등 한류 콘텐츠에 국내외의 관심이 확대하면서, 한국 대중문화의 원형(原形)에 관한 관심도 함께 커지는 추세다. 이런 방송 영상 콘텐츠의 2차 활용에 대한 국내외 수요에 따라, 최근 공공 차원에서 방송 영상 콘텐츠를 적절히 수집 · 보존해, 사회 구성원 모두가 활용해야 할 필요성이 강조되고 있다. 이를 통해 창작 · 학술 연구 · 교육 분야 종사자와 일반 시민이 각자의 활용 목적에 따라 자유롭게 접근하는 공공 차원의 아카이브가 필요하다는 목소리가 커지고 있다. 오는 2027년 한국 방송 문화 100주년을 앞두고 방송 통신 기술의 역사와 사회 문화적 변화를 기록한 사료(史料)를 체계적으로 정리할 필요성도 제기된다.

영상 아카이브의 주요 개념과 공공 영상 문화유산에 대한 이해

이 책에서는 방송 영상 콘텐츠를 수집 · 보존 · 활용하는 데 필요한 영상 아카이브의 개념과 유형, 특징에 대해 살펴보고자 한다. 최근에는 방송 영상 콘텐츠를 단순히 경제적 가치로 거래되는 저작권 대상으로만 보는 것이 아니라, 문화유산으로 재인식하고 이를 보호하는 체계가 도입되어야 한다는 주장이 제기되고 있다.

이와 관련해 '공공 영상 문화유산(public audiovisual heritage)'이라는 새로운 표현이 제안되기도 했다(최효진, 2021). '공공 영상 문화유산'은 방송 영상 콘텐츠를 비롯해 공공 기관의 시청각 유형 기록물, 영화, 시각 및 공연 예술 작품과 그와 관련한 기록 자료, 박물관 · 도서관 · 미술관 등의 시청각 자료, 학술 연구 과정에서 생산되는 시청각 기록 등을 아우르는 개념이다.

문화유산으로서 보호 · 보존이 필요한 영상 기록물은 필름 등 다양한 재질의 매체로 이루어져 있어 적절한 보존 환경에서 관리되고 물리 · 화학적 훼손으로부터 보호 · 보존되어야 한다. 이에 따라 유네스코는 1980년 제21회 총회에서 권고문을 발표하고 영상 문화유산 보호 및 보존을 위한 국가 차원의 정책을 마련할 것을 회원국에 권고해 왔다. 이 책은 국가적 차원에서 영상을 문화유산으로 멸실 · 훼손 · 변형의 위험으로부터 보호하고 관리하는 데 필요한 체제와 제도, 정책 등을 살펴본다.

해외 영상 아카이브 사례

AI를 비롯한 신기술이 지속적으로 등장하고 상용화되고 있지만, 국내에는 현재 방송 영상 콘텐츠를 공공 차원에서 수집 · 관리 · 활용하는 영상 아카이브가 부재한 상황이다. 하지만 선진국에서는 앞서 언급한 유네스코의 1980년 권고문 발표를 전후해 공공 영상 아카이브를 국가 차원에서 설치 · 운영해 방송 영상 콘텐츠를 체계적으로 수집 · 보존하고, 이를 국민과 산업에 활용할 수 있도록 하고 있다. 이 같은 기관에서는 방송 영상 콘텐츠를 문화유산으로 보호 · 보존 · 관리하고, 공공 서비스를 통해 그 활용을 촉진하는 역할을 한다.

해외 영상 아카이브 사례는 법 · 제도에 따라 국가가 주도적으로 운영하는 공공 주도형과 방송사 등 미디어 사업자와 관련 공공 기관이 협력적으로 운영하는 민관 협력형으로 구분할 수 있다. 공공 주도형 영상 아카이브의 대표적인 사례로는 프랑스 국립 방송 아카이브(Institut National de l'Audiovisuel: INA), 벨기에 플랑드르 공공 영상 아카이브 미무(Flemish Institute for Archives, Meemoo), 오스트레일리아 국립 영상 음성 아카이브(National Film and Sound Archive: NFSA)가 있다. 민관 협력형 영상 아카이브로는 영국 영화 협회(British Film Institute: BFI)와 미국 의회 도서관의 공영 방송 아카이브(American Archive of Public Broadcasting)가 대표적이다. 영상 아카이브를 설치하는 법적 근거나 재원 등에 따라 해외 사례를 구분했지만, 조금 더 구체적으로 살펴보면 수집과 서비스 차원에서 차이가 있다.

이 책에서는 유형별로 구체적 사례를 통해 각 기관이 공공 서비스를 위해 수집하는 콘텐츠의 유형과 내용, 수집 방안은 무엇인지, 수집된 콘텐츠를 각 기관에서 어떻게 관리하는지, 관리되는 공공 서비스는 어떤 채널을 통해 일반에 공개되는지를 살펴보고자 한다. 또한 해외 영상 아카이브에서는 콘텐츠 제공자인 방송사 등을 비롯한 여러 이해관계자와 어떻게 협의를 이루어 가는지 살펴보고자 한다. 공공 차원의 영상 아카이브를 운영하는 다양한 해외 사례를 통해, 현재 우리나라에 부재한 공공 차원의 영상 아카이브를 어떻게 만들고 운영할 수 있을지 고민해 보고자 한다.

영상 아카이브 국제기구가 하는 일

해외 공공 영상 아카이브들이 모여 영상 아카이브 국제기구를 설립했다. 영상 아카이브 국제기구는 영화 · 방송 등 분야별 시청각 자료를 문화유산으로서 보존하고 관리하며, 이를 통해 세계적으로 접근성을 확대하는 세계 각국 영상 아카이브의 활동을 지원한다. 각국의 아카이브 기관을 연결해 표준화된 보존 방법론을 개발하고, 기술적 · 학술적 협력을 통해 영상 문화유산의 지속 가능성을 보장한다.

가장 먼저 설립된 기구는 국제 필름 아카이브 연맹(Fédération Internationale des Archives du Film: FIAF)으로, 문화유산으로서 영화의 가치를 인정하고, 이를 보존 · 복원해 다음 세대에 전달하기 위한 활동을 목표로 1938년에 설립되었다. 한국의 한국영상자료원을 비롯해 전 세계 영화 아카이브, 국립 영화 기관 등 80여 단체가 FIAF 회원 기관으로 활동한다. 이 밖에도 국제 텔레비전 아카이브 연맹(Fédération Internationale des Archives de la Télévision/International Federation of Television Archives: FIAT/IFTA), 국제 영상 음성 아카이브 협회(International Association for Sound and Audiovisual Archives: IASA), 국제 기록 관리 협의회(International Council on Archives: ICA), 상업적 미디어 라이브러리 연맹(Federation Of Commercial Audiovisual Libraries International: FOCAL International), 국제 도서관 협회 연맹(International Federation of Library Associations and Institutions: IFLA), 동남아시아-태평양 시청각 아카이브 협회(SouthEast Asia & Pacific Audiovisual Archives Association: SEAPAVAA), 음향 녹음과 사운드 아카이브 협회(Association for Recorded Sound Collections: ARSC), 영상 이미지 아키비스트 협회(Association of Moving Image Archivists: AMIA) 등이 있다.

이들은 세계 영상 아카이브 협회 협의회(Coordinating Council of Audiovisual Archives Associations: CCAAA)

를 하나의 협의체로 조직해, 전 세계 시청각 아카이브 관련 전문 기관의 연합체로서 영화, 방송, 음향 등 시청각 자료의 보존과 접근성을 촉진하고 장려하는 다양한 활동을 전개한다. CCAAA는 영상 문화유산의 중요성을 인식하고, 이를 보호하기 위한 국제적 협력을 강화하고자 조직된 협의체로, 시청각 자료의 보존 · 관리 · 접근성 향상을 위한 정책 개발, 기술 지원, 교육 프로그램 등을 통해 전 세계 시청각 유산의 지속 가능한 보존과 활용을 지원한다.

국내 방송사의 영상 아카이브

국내 사례로는 지상파 공영 방송사와 공공 기관의 영상 아카이브 사례를 다룬다. 먼저 국내에서 가장 많은 방송 영상 콘텐츠 양을 보유한 주요 지상파 방송사(KBS, MBC, EBS)의 사례를 살펴본다. 주요 지상파 방송사는 2000년대 중반부터 HD 제작 시스템을 도입하면서 디지털 제작에 필수적인 요소 중 하나인 디지털 아카이브를 구축하기 시작했다. 이 과정에서 각 사에서 보관하던 필름과 마그네틱 비디오테이프 등 아날로그 매체를 디지털화하는 작업을 대규모로 진행했다. 또한 매일 방영하는 텔레비전과 라디오 방송 프로그램을 실시간 수신해 저장하는 인제스트(ingest) 시스템도 도입했다. 이러한 방송사의 디지털 아카이브는 하나의 콘텐츠를 여러 이용자가 접근할 수 있어, 효율적인 미디어 제작 환경을 만드는 데 기여했다.

과거에는 하나의 비디오테이프 자료를 한 대의 재생 장비(데크)에 재생시켜 한 명의 이용자만 볼 수 있었다. 그러나 디지털 아카이브가 도입되면서 디지털화된 과거 방송 프로그램을 여러 이용자가 한 번에 이용할 수 있게 되었다. 이 때문에 콘텐츠 제작 기획에서 '원 소스 멀티 유즈(one-source multi-use: OSMU)'를 가능하게 하는 데 디지털 아카이브 구축이 필수적이라고 보는 시각이 있었다. OSMU는 하나의 콘텐츠나 원천 자료를 다양한 형태로 재가공하거나 변형해 여러 플랫폼이나 매체에서 활용하는 전략을 말하는데, 콘텐츠의 수명을 연장하고, 잠재적인 가치를 최대화하며, 다양한 이용자층에 도달하기 위해 주로 사용되는 전략이다.

이와 같은 방송사의 영상 아카이브는 지금까지 각 사의 방송 프로그램 제작이나 유튜브 콘텐츠 제작 등 이른바 '뉴 미디어' 콘텐츠 제작에 제한되어 활용되었다. 최근에는 시청자들이 과거의 방송 프로그램을 더 많이 접할 수 있도록 별도의 플랫폼을 구축하는 시도도 있었다. 2015년 MBC의 'mbcarchive.com', 2023년 KBS의 'KBS바다', '움직이는 현대사, 선명한 역사' 등이 대표적이다. 또한 세계적인 동영상 공유 플랫폼인 유튜브에 많은 방송사가 공식 채널을 개설하고 과거에 촬영한 원본이나 방송 프로그램을 공개하고 있다.

이처럼 디지털 아카이브를 각 사에서 구축하면서 과거 방송 프로그램에 대한 시청자 접근 기회는 확대되었으나, 시청자가 각자의 수요에 따라 활용할 수 있는 서비스는 많지 않다. 지금까지 시도된 일부 공공 플랫폼은 공개된 콘텐츠의 절대량이 지극히 적거나 미디어 제작 등에 실질적으로 활용한 콘텐츠가 적고, 메타데이터의 품질 면에서 활용 가치가 낮은 플랫폼이라는 비판을 받고 있다.

국내 공공 기관의 영상 아카이브

국공립 문화 예술 기관은 영화 · 공연 예술 · 시각 예술 등과 관련한 영상 아카이브를 구축해 시청각 기록물을 수집 · 관리하고 일부를 선별적으로 일반에 공개한다. 한국영상자료원은 한국 영화 데이터베이스(Korean Movies Database: KMDB)를 통해 한국 영화와 관련한 다양한 정보를 공개하고, 온라인 공개 가능한 영상은 회원제 VOD(video on demand: 주문형 비디오) 서비스를 제공한다. 또한 유튜브 공식 채널을 개설해 지금까지 복원한 고전 영화를 일반에 전량 공개하고 있다. 또한 연구 · 교육 · 창작 등의 목적으로 이용자가 필요한 자료에 대해 복사 · 대여 · 열람 등을 신청할 수 있다. 한국영상자료원은 FIAF의 회원 기관이자 영화 의무 제출 제도의 주무 기관으로서 국가 차원의 영상 문화유산 관리를 담당하는 공공 영상 아카이브다.

한편 한국정책방송원 KTV는 'e영상역사관'을 개설하고 〈대한뉴스〉, 〈문화영화〉 등 국내 각 분야 정책과 관련한 영상 콘텐츠를 제공한다. 2020년에는 '열린 아카이브 KTV 나누리'를 개설해 일부 언론사와 공공 기관에서 KTV의 정책 영상을 비교적 편리하게 다운로드해 업무에 활용할 수 있게 했다. 이 외에도 국가기록원, 국립중앙도서관, 한국문화예술위원회 아르코예술기록원, 국립극장 공연예술박물관 등 국내 여러 기관에서 소장 콘텐츠를 일반에 공개하기 위해 플랫폼을 개설하고 온라인으로 제공하고 있다. 이 책에서는 국내 공공 기관 사례를 살펴보면서 공공 차원에서 영상 아카이브가 어떻게 운영되고 있고, 각 사례의 강점과 아쉬운 점은 무엇인지 살펴본다.

인공지능과 영상 아카이브

최근 미디어 분야 안팎에서 큰 관심을 끌고 있는 인공지능(AI)과 영상 아카이브가 어떤 관련성을 갖는지 살펴본다.

영상 아카이브 분야에서 활용되는 AI 기술(머신 러닝, 딥러닝, 컴퓨터 비전 등), AI를 활용한 메타데이터 정리 · 기술, AI를 활용한 고도화된 검색 시스템 설계, 오래된 영상의 화질 복원, 컬러 복구, 손상된 파일 복원 등을 다룬다.

해외 공공 영상 아카이브 기관에서는 해당 국가의 영상 문화유산으로서 관리하는 방송 영상 콘텐츠를 효율적으로 수집 · 보존 · 관리하는 데 AI를 적극적으로 활용한다. 매일 공영 또는 민영 방송사와 온라인 미디어 등에서 송출하는 방송 영상 콘텐츠를 효율적으로 입수하고, 입수한 콘텐츠의 메타데이터를 정리 · 기술한다. 이를 일반에 공개해 공공 서비스를 제공하기까지 영상 아카이브 운영 절차 곳곳에서 AI는 인간을 돕는 유용한 도구로 활약한다. 해외 주요 공공 영상 아카이브는 각국 공영 방송사 등과 협업해 AI를 활용한 방송 · 영상 콘텐츠의 메타데이터를 정리 · 기술하기 위한 다양한 연구 개발에 착수한 바 있다.

영상 아카이브에서 더 논의해야 할 것들

마지막 장에서는 영상 아카이브의 개념과 기능, 역할, 국내외 사례, 인공지능과 접목한 사례 등을 바탕으로 영상 아카이브와 관련한 주요 이슈는 무엇인지 확인하고, 미래의 영상 아카이브가 어떤 모습일지 전망해 본다. 관련 법

제도 도입과 개선, 방송사 등 이해관계자와의 협력, 영상 메타데이터 품질 강화, 영상 저작권 문제, 방송사 조직 운영, 인공지능을 비롯한 기술 활용 등에 관한 점도 고민해 본다. 이런 개념 정의를 토대로 국내에 공공 영상 아카이브를 어떻게 구축하고 운영하면 좋을지 논의의 틀을 제안하고자 한다.

참고문헌

세계 영상 아카이브 협회 협의회(CCAAA), https://www.ccaaa.org

정회경 외(2022). 방송통신 콘텐츠의 공적 활용 방안. 한국방송광고진흥공사.

최효진(2021). '공공영상문화유산'아카이브 구축 방안 연구: 방송·영상컬렉션 수집 및 활용 방향. 한국외국어대학교 박사학위논문.

한국영상자료원, https://www.koreafilm.or.kr/main

한국 영화 데이터베이스(KMDB), https://www.kmdb.or.kr/care/kmdb

e영상역사관, https://www.ehistory.go.kr

KBS 근현대사 아카이브, https://archive.much.go.kr/history_films.do

KBS 바다, https://bada.kbs.co.kr

KTV 국민방송, https://nanuri.ktv.go.kr

MBC 아카이브, https://www.mbcarchive.com

01

영상 아카이브의 개념

영상 아카이브, 특히 공공 차원의 아카이브는 영상 콘텐츠를 수집 · 관리 · 보존 · 서비스하는 정책 기구로서, 문화유산의 가치가 있는 영상 콘텐츠를 보호하고 활용을 촉진하는 역할을 한다. 공공재로서 콘텐츠의 보편적 접근성을 보장하며, 교육, 연구, 창작 목적으로 활용 가능한 플랫폼을 제공한다. 공공 영상 아카이브의 이론적 기반으로는 미디어 공공성, 디지털 공유지, 공공 역사 등이 있다.

영상 아카이브란

아카이브는 콘텐츠 모음을 모아 놓은 온·오프라인 공간, 이러한 컬렉션이나 공간을 관리하는 조직, 콘텐츠 모음 공간 및 시스템을 관리하는 체계 등을 포괄하는 개념이다. 쉽게 말해 방송 프로그램, 영화 등 미디어 분야에서 생산한 영상 콘텐츠를 효과적으로 수집, 보존, 활용하기 위한 시스템이다. 디지털 콘텐츠 제작과 이용이 확대된 미디어 환경에서 이는 콘텐츠 라이브러리, 디지털 자산 시스템 등의 개념으로 사용되기도 한다.

생산자 측면에서 영상 콘텐츠는 문자, 소리, 영상, 이미지 등 다양한 기술적 코드를 활용해 제작한 특정한 사회문화적 의미와 가치의 산물이다. 또한 이용자 혹은 수용자 집단이 수행하는 창조적 해독과 수용, 개입을 통해 사회의 문화적 성과를 창출한다. 방송, 영화, 온라인, 모바일 등을 통해 생산한 영상 콘텐츠는 사회적 집단 기억(collective memory)을 형성하고 해당 공동체를 유지하는 문화적 정체성(identity)을 표현한다.

영상 콘텐츠는 한 사회의 역사적 기록과 기억의 집합체로서 역사적·교육적·문화적 가치를 갖는다. 이에 따라 영상 콘텐츠는 문화유산으로서의 성격을 띠며, 영상 문화유산(audiovisual heritage) 보호 체계의 핵심 자원이 된다. 또 창작 자원으로서 상업적 활용도가 높은 경제적 가치를 지니고 있다. 디지털화된 영상 콘텐츠는 저작권을 인정받으며 다양한 목적으로 가공되고 활용될 수 있다. 이런 관점에서 영상 아카이브는 영상 콘텐츠를 아날로그가 아닌 디지털 형태로 체계적으로 수집, 보관, 보존, 활용할 수 있도록 하는 시스템이다.

아카이브는 운영 재원이나 이용 목적에 따라 공공(public) 아카이브와 민간(private) 아카이브로 구분하는데, 이 책에서는 공공 목적의 영상 아카이브에 초점을 맞추었다. 민간 아카이브는 개별 방송사나 개인, 기관 등 운영 주체의 사적 수익이나 자산 관리를 위해 운영된다.

영상 선진국이라고 할 수 있는 영국, 프랑스, 미국, 오스트레일리아 등에서는 일찍부터 법으로 제도적 기반을 마련하고 공공의 목적을 위해 영상 콘텐츠를 서비스하는 다양한 플랫폼을 운영하고 있다. 하지만 우리나라는 아직 방송 영상 콘텐츠를 보존하는 공공 목적의 영상 아카이브가 부족한 형편이며, 이에 대한 필요성과 사회적 수요가 날로 증가하고 있다. 영상 아카이브 구축의 필요성을 알리고 아카이브 활용의 이슈와 사회적 효과를 논의하는 것이 이 책의 목적이다.

영상 아카이브 특히 공공 차원의 방송 영상 아카이브의

성격을 다음과 같이 정리할 수 있다. 공공 차원의 영상 아카이브는 역대 여러 방송사에서 제작 · 방영한 방송 프로그램이나 OTT 서비스 등 온라인을 통해 유통된 방송 영상 콘텐츠 중 공적 활용이 가능한 형태로 공개된 콘텐츠를 수집 · 보존 · 관리하는 플랫폼이라고 할 수 있다. 해당 플랫폼에서는 공개된 콘텐츠를 활용해 창작 · 교육 · 연구 등 방송 영상 콘텐츠가 필요한 이용자에게 적절한 공공 서비스를 제공한다.

공공 영상 아카이브의 이론적 근거

공공 영상 아카이브의 이론적 근거는 미디어 공공성, 디지털 공유지, 공공 역사 등으로 나누어 살펴볼 수 있다.

미디어 공공성

미디어 공공성은 방송 영상 산업의 공공 가치를 설명하는 대표적인 개념이며, 공익성과 보편성을 주요 특성으로 한다. 보편성은 미디어 콘텐츠 서비스가 이용자들에게 폭넓게 제공되고 공공재로서 접근성을 보장하는 것을 말한다. 공익성은 미디어의 역할이 개인의 사적 이익이 아니라, 사회 공중을 위한 공적 이익을 위해 작동하는 것을 말한다. 공공성은 미디어 시장과 반대되는 개념이거나 단순히 미디어 규제의 강화를 뜻하지 않고 보다 포괄적인 의미를 담고 있다.

미디어 공공성 구현을 위한 영상 아카이브의 역할은 경제적, 법 · 제도적, 커뮤니케이션 측면으로 나누어 볼 수 있다. 경제적 측면에서 아카이브는 공공재 또는 가치재를 다루는 서비스로서, 공공을 위한 보편적 서비스와 보편적 접근성을 제공한다. 법 · 제도적 측면에서 아카이브는 관련 법령을 기초로 다양한 미디어 기관이 생산한 콘텐츠와 저작권자를 보호하고 활용하는 제도로서 기능한다. 미디어 기관은 아카이브의 핵심 자원 수집에 주요 파트너로서 협력하게 된다. 커뮤니케이션 측면에서 아카이브는 사회적 공론장과 디지털 공유지의 역할을 할 수 있다. 구체적으로 공공 차원의 콘텐츠 공유와 창작, 토론의 기반이 되고 나아가 미디어 리터리시 교육의 핵심 공간이 될 수 있다.

디지털 공유지

공공성은 공유지 개념의 기초가 된다. 공유지란 특정 개인이나 사적 집단이 아닌 공공에 의해 소유되며 모든 구성원이 접근할 수 있는 문화나 자원을 말한다. 특히 디지털 시대 공유지는 인터넷 환경에 따라 공공이 자유롭게 이용하고 재축적하는 네트워크와 커뮤니티와 같은 디지털 환경을 의미한다.

디지털 공유지 개념을 공영 방송 등 공공 서비스에 접목하려 했던 이는 영국의 미디어 정치 경제학자인 그레이엄 머독(Graham Murdock)이다. 머독은 현대 사회의 디지털 공유지 확장에 공영 방송과 공공 콘텐츠가 중요한 역할을 한다고 강조했다. 여기에는 두 가지 기본적인 조건이 충족되어야 한다. 하나는 시민이 무료로 비상업적인 방송 영상 콘텐츠를 폭넓게 사용할 수 있는 보편적 접근권이고, 다른 하나는 누구나 쉽게 이용할 수 있는 연결 지점의 제공이다. 또 디지털 공유지는 위르겐 하버마스(Jurgen Habermas)가 주장한 공론장 역할도 하게 될 것이라고 머독은 강조했다(Murdock, 2005).

영상 아카이브는 디지털 시대에 정보와 지식을 생산하고 공유 · 소비하는 디지털 공유지로 작동할 수 있다. 아카이브는 공적 영역의 다양한 기관이 서로 협력할 수 있는 중요한 연결고리가 되며, 새로운 문화 향유 공간이 된다. 방송 영상 콘텐츠를 공공재로 간주하는 디지털 공유지의 대표적인 모델로는 BBC의 '크리에이티브 아카이브(Creative Archive)'와 NHK의 '창의적 라이브러리(NHK Creative Library)'가 있다.

영상 아카이브는 방송 영상 콘텐츠를 공공의 목적으로 사회 구성원 모두가 이용하고 향유할 수 있어야 한다는 철학에서 시작된다. 우리나라에서도 영상 아카이브 구축을 통해 디지털 공유지의 확대를 실현해 나갈 수 있을 것이다.

공공 역사

영상 아카이브의 이론적 근거는 공공 역사의 관점에서도 살펴볼 수 있다. 공공 역사는 전문 역사학자들의 연구와 서술 이외에, 공중(public)을 위한 전시, 출판, 영상 콘텐츠 제작은 물론 다양한 형태의 공중에 의한 역사 표현 방식을 의미한다. 공공 역사는 텍스트, 이미지, 영상, 소리, 유물 등을 사료로 활용하는 역사 연구 방법을 토대로 구체화된다. 그리고 영상 미디어나 라디오, 전시, 웹사이트 등 다양한 미디어를 매개로 공중의 역사를 서술한다. 특히 영화나 텔레비전 등 매스 미디어는 공공 역사의 현장으로서 매우 중요하다. 20세기 이후 대중에 정보 전달을 위해 급속하게 발달한 미디어의 역할에 주목해 볼 때, 현대사를 기술하거나 연구하는 데 미디어로 공유된 뉴스 · 다큐멘터리 · 드라마 등은 주요 사료가 된다. 뿐만 아니라 미디어는 역사를 재현(representation)해 공중과 소통하는 도구로서 매우 중요하게 활용되었다. 방송사가 지금까지 방영한 TV와 라디오 프로그램은 20세기 방송 제도가 도입된 이후 편성(programming)을 통해 시민에게 공개된 콘텐츠라는 점에서 공중에 의한, 공중을 위한 역사 서술인 공공 역사의 주된 사료이자 역사 실천의 현장이라고 볼 수 있다.

따라서 시민들에게 공개된 미디어의 콘텐츠는 다양한 주체에 의한 역사 서술과 실천을 의미하는 공공 역사의 대상으로, 방송사 안팎에서 더 많은 이용자 접근을 제공할 필요가 있다. 영상 아카이브는 공적 역할을 하는 방송사의 콘텐츠를 수집, 보존, 서비스하는 시스템으로서, 방송사 안팎의 영상 창작자나 교육자, 연구자, 시민이 자유롭게 콘텐츠를 검색·열람해 각자의 목적에 맞게 활용하는 데 중요한 역할을 한다.

참고문헌

강형철(2014). 융합미디어 시대 보편적 서비스와 공영방송. ≪한국언론정보학보≫, 35-61쪽.

윤석민(2012). 공영방송 위기담론과 공영방송의 진로. 최영묵 외. 『공영방송의 이해』. 한울.

이영주(2012). 미디어 공공성, 의미의 지평과 분석의 차원. 미디어 공공성포럼 엮음. 『한국 사회와 미디어 공공성』. 한울.

정지나·김건(2017). 영상아카이브 개념에 대한 역사적 고찰. ≪한국기록관리학회지≫, 17(4), 109-126쪽.

정회경 외(2019). 국내 공공 방송·영상아카이브 구축을 위한 해외 사례 분석. ≪미디어, 젠더 & 문화≫, 34(3), 297-337쪽.
정회경 외(2022). 국내 공공 방송·영상 아카이브 설립을 위한 이용자 수요분석. ≪기록과 정보문화연구≫, 15호, 7-50쪽.
홍원식(2020). 공공성이란 무엇인가? 디지털 시대 방송 정책을 위한 시론. ≪방송문화≫, 420호, 57-68쪽.
한국방송통신전파진흥원(2019). 방송·영상 아카이브 필요성 및 운영 방안 연구.
BBC Creative Archive, https://www.bbc.co.uk/creativearchive
Murdock, G.(n.d.), *Media, culture and economy: Critical interrogations.* 임동욱 외 옮김(2011). 『디지털 시대와 미디어 공공성: 미디어, 문화, 경제』, 나남.
Murdock, G.(2005), Building the Digital Commons. Public Broadcasting in the Age of the Internet. Cultural Dilemmas in Public Service Broadcasting. University of Montreal The 2004 Spring Memorial Lecture(Vancouver/Montreal), November 2004), https://www.researchgate.net/publication/254750526_BUILDING_THE_DIGITAL_COMMONS_PUBLIC_BROADCASTING_IN_THE_AGE_OF_THE_INTERNET
NHK Creative Library, https://www.nhk.or.jp/archives/creative

02

공공 영상 문화유산 보존과 보호

문서 외에 사진 · 포스터 · 녹음 자료 · 동영상 등 시청각 기록물을 공공 차원에서 관리하는 체계에 관한 논의는 1980년 유네스코 「동영상 보호와 보존에 관한 권고문」이 발표된 이후부터 본격화되었다. 이 권고문은 문화유산으로서 동영상의 가치를 최초로 언급한 공식 문서다. 국가 차원의 보호 · 보존이 필요한 공공 영상 문화유산으로 상영, 방영, 발매 등 공중에 공개된 이미지와 소리로 이루어진 시청각 기록물과 이를 재생하게 하는 장비와 무형의 기술 등이 있다.

영상 아카이브의 짧은 역사

해외에서도 문서 외에 사진 · 포스터 · 녹음 자료 · 동영상 등을 공공 차원에서 관리하는 체계에 관한 논의는 비교적 늦게 진행되었다. 19세기 후반 영화가 발명되고 상용화되면서 시청각 기록물이 생산되기 시작했다. 그러나 1950년대 텔레비전 생방송이 중계를 본격화하고 텔레비전 수상기가 보급된 시기까지도 대중 매체인 영화 · 라디오 · 텔레비전 등은 정부의 대국민 소통 도구이자 시장에서 소비자들의 관심에 따라 제작되고 유통되던 문화 상품의 하나였다. 이러한 영화나 방송 · 영상물이 영구 보존 대상이 되는 '문화유산'으로 인정받기 위해서는 충분한 시간과 사회적 합의가 필요했다.

영화 · 라디오 · 텔레비전 등의 미디어 경험에서 앞선 유럽과 영미 국가에서는 1930년대 각국 영화 아카이브를 설립했다. 프랑스 시네마테크 프랑세즈(Cinémathèque française), 독일 필름 아카이브(Reichsfilmarchiv), 영국 영화 협회(British Film Institute: BFI), 미국 뉴욕 현대 미술관(Museum of Modern Art: MoMA) 등이다. 이 기관들이 모여 1938년에 세계 최초의 공공 영상 아카이브 국제기구인 국제 필름 아카이브 연맹(Fédération Internationale des Archives du Film: FIAF)을 설립했다. 방송 · 영상 분야에서는 1970년대 유럽 · 영미 지역 방송사에서 사내 아카이브를 구축했는데, 이는 대체로 공공 차원의 활용을 위해서라기보다는 방송사 차원에서 내부 재활용(reuse)을 통해 효율적 제작을 하기 위해서였다.

1980년 유네스코 「동영상 보호와 보존에 관한 권고문」

시청각 기록물을 공공 차원의 '영상 문화유산' 개념으로 인식하고 국가 차원의 보존 관리 대상으로 놓고 논의를 시작한 계기는 1980년 유네스코 제21차 총회다. 이 회의에서 「동영상 보호와 보존에 관한 권고문」을 채택했다. 문화유산(patrimoine culturel, patrimoine d'images en mouvement)으로서 동영상의 특징을 최초로 언급한 이 권고문에서는 동영상(images en mouvement)을 '인류의 문화적 주체성을 표현한 결과물이면서 교육적, 문화적, 과학적, 역사적 가치를 담은 문화유산'이라고 정의했다(UNESCO, 1980). 이 권고문에서 지칭하는 동영상은 필름, 마그네틱 비디오테이프, 디스크 등 매체의 재질을 불문하고 사진 등 시각 이미지, 음악 등 음성 기록(toute série d'images fixées sur un support accompagnées ou non d'une sonorisation) 등을 포함한다. 영화, 방송, 비디오 녹화, 음성 녹음 등 대중에게 전달하거나 배포할 목적으로 제작했거나 기록용(fins de documentation)으로 생산한 시청각 기록물 일체를 대상으로 한다. 또한 이 권고문에서는 동영상의 제작자 혹은 최소한 한 명 이상의 공동 제작자가 제작 국가 영토 내에 거주하거나 본사를 두고 있는 동영상을 각 회원국의 국가 동영상(production nationale)으로 본다고 명기한다.

이 권고문은 이처럼 국가 차원의 보호와 보존이 필요한 동영상의 유형과 범주를 정의하고, 이를 바탕으로 유네스코 회원국이 동영상 매체의 가치에 대한 인식 제고, 보호와 보존을 위한 법적·행정적 조치, 그리고 기술적 조치를 마련해야 한다고 권고하고 있다(정지나·김건, 2017). 영상 아카이브 역사에서 이 권고문이 중요한 이유는 동영상의 취약성과 물리 화학적 멸실 위기에 인류가 처음으로 주목했기 때문이다.

동영상은 역사적으로 중요한 가치가 있음에도 불구하고, 시간의 흐름에 따른 물리적 열화, 원형 훼손, 정치적·경제적·사회 문화적 요인에 따른 소실(disappear) 가능성에 노출되어 있다. 이 권고문은 문화유산인 동영상을 다음 세대에 전승하는 데 국가적 책임이 필요하다는 점과, 이를 위한 구체적인 정책적 노력을 비교적 명확히 기술했다. 이 문서는 동영상 매체에 기록된 정보에 대한 이용자들의 접근권 보장, 즉 동영상 유산의 '활용'과 관한 사항도 명기하고 있다.

1980년 유네스코 권고문 발표 그 후

국제 필름 아카이브 연맹(FIAF)의 회장을 역임(1979~1985)한 독일 필름아키비스트 볼프강 클라우에(Wolfgang Klaue)는 1988년 국제 기록 관리 협의회(ICA) 발표에서 유네스코 권고문에도 불구하고 시청각 기록물 보호 및 보존을 위해 국가 차원에서 해결해야 할 과제가 있음을 강조했다. 그는 1980년 권고문 승인 이후 전 세계 영화·방송 아카이브를 대상으로 한 현황 조사를 인용했다. 그에 따르면, 동영상 매체 가운데 아카이브 운영 역사가 가장 긴 영화 부문에서도 영화 생산국 100여 개국 중 아카이브를 운영하는 나라는 80개국에 불과했고, 의무 제출 제도(legal deposit)를 통해 체계적으로 수집·관리를 하는 나라는 명확히 집계되지 않았다(Klaue, 1989).

이후 40년이 넘은 지금도 여전히 국가 차원에서 '기록 관리 리더십'을 보여 주는 나라는 일부 선진국에 불과하다. 오스트레일리아의 원로 영상 아키비스트 레이 에드몬슨(Ray Edmondson)은 2016년에 발간한 『영상 아카이빙:

철학과 원칙(Audiovisual archiving: Philosophy and principles)』에서 영상 아카이브 운영과 관련된 현재의 여러 이슈 가운데 하나를 '세계적 양극화'로 꼽았다. 그는 2010년대까지 영상 아카이브 제도, 시설, 지침, 기술 등에 관련한 지침이 유럽과 북미를 중심으로 발전해 왔지만, 이러한 경험이 개발 도상국과 공유되지 않는다고 지적했다.

에드몬슨에 의하면 영상 아카이브의 이론적 기반은 1990년대를 거치며 형성되었다. 이 시기에 영화 · 방송 · 멀티미디어 전반에서 생산량이 급증하고, 도서관 · 기록관 등에서 사진 · 음성 · 동영상 등 시청각 자료를 입수해 관리하는 실무 경험이 누적되어 이후 각국, 각 기관의 경험이 이론으로 자리 잡게 되었다. 이런 배경에서 영상 아카이브 연구는 세계 각 지역에서 다양한 미디어 경험과 오랜 실무 경험이 축적되어 성문화된 결과로 나타났다. 국내뿐만 아니라 국제적으로도 영상 아카이브 제도 · 기술 · 지침 등에 관한 연구는 비교적 최근에 진행된 '젊은 연구 분야(young field)'라고 할 수 있다(Edmondson, 2016).

공공 영상 문화유산이란

유네스코는 이후 1991년과 1998년 두 차례 '영상 문화유산'의 개념과 범주를 명확히 한 유의미한 보고서를 발간한다. 1991년 오스트리아의 법학자 코플러(Bergit Korfler)는 '영상 아카이브에 관한 법적인 문제'의 연구 책임을 맡아, 공공 영역에서 보존해야 할 영상 · 음성 콘텐츠의 범주를 최초로 규정했다(Korfler, 1991). 이후 1998년 에드몬슨은 『영상 아카이빙 철학』이라는 보고서에서 '이미지와 소리를 녹화, 녹음, 송신 · 수신 및 인식, 이해하게 하는 장비 일체'와 이 장비를 통해 재생되는 '특정 길이로 제한된, 완결성 있는 영상물'이 보호 · 보존 대상 동영상이며, 결과적으로 공개되지는 않았어도 이를 목적으로 생산된 영상물 일체도 문화유산의 대상이 된다고 본다. 정지나와 김건은 유네스코의 두 연구를 비롯해 국내외에서 논의된 '영상 아카이브'의 개념을 역사적으로 고찰하면서 우리말로 '영상 문화유산(audiovisual heritage)'이라는 용어를 통해 영상 아카이브의 산업적 그리고 문화유산적 성격을 더욱 명확히 밝혔다(정지나 · 김건, 2017).

지금까지의 논의를 종합해 볼 때, 공공 영상 문화유산은 상영 · 방영 · 발매 등 공중에 공개된 이미지 · 소리로 이루어진 시청각 기록물과 이를 재생하게 하는 장비와 무형의 기술적 노하우, 콘텐츠 · 재생 장비 · 기술과 관련된 문헌 일체를 포괄하는 개념이다. 이를 관리하는 공공 영상 아카이브는 특정 컬렉션이자 이를 관리하는 기관이며, 문화유산적 가치를 지닌 다양한 기록물을 수집 · 관리 · 보존 · 활용하는 기능을 한다.

참고문헌

정지나 · 김건(2017). 영상아카이브 개념에 대한 역사적 고찰. ≪한국기록관리학회지≫, 17(4), 109-126쪽.

최효진(2021). '공공영상문화유산'아카이브 구축 방안 연구: 방송·영상컬렉션 수집 및 활용 방향. 한국외국어대학교 박사학위논문.

Edmondson, R.(2016). *Audiovisual archiving: Philosophy and principles*(Third Edition). UNESCO Office Bangkok and Regional Bureau for Education in Asia and the Pacific.

Klaue, W.(1989). Audiovisual Records as archival material. In Helen P. Harrison(Ed.)(1997), *Audiovisual Archives: A Practical Reader*. Paris: General Information Programme and UNISIST, United Nations Educational, Scientific and Cultural Organization.

Kofler, B.(1997). Legal Issues facing audiovisual archives. In Helen P. Harrison(Ed.), *Audiovisual Archives: A Practical Reader*(pp.43-54). Paris: General Information Programme and UNISIST, United Nations Educational, Scientific and Cultural Organization.

UNESCO(1980.10.27). *Recommandation pour la sauvegarde et la conservation des images en mouvement*. https://www.unesco.org/fr/legal-affairs/recommendation-safeguarding-and-preservation-moving-images

03

영상 아카이브의 필요성과 활용

영상 아카이브는 우리 사회의 중요한 역사와 문화의 기록이다. 동시에 영상 아카이브가 수집 · 관리하는 콘텐츠는 모두에게 공개되어 활용 가치를 높일 수 있다. 현업 창작자들은 영상 아카이브에서 찾은 콘텐츠를 이용해 제작비를 절감하고 다양한 방식으로 재창작을 할 수 있다. 교육자 · 연구자들은 양질의 교육 자료를 만들어 교육 · 학술 연구 서비스를 고도화할 수 있다. 일반 시민은 자신이 원하는 영상을 찾아 보고 문화를 향유할 수 있다.

영상 아카이브의 필요성

공공 영상 아카이브는 공공 기관을 비롯해 공적 · 사적 영역에서 생산되는 사진, 음성, 영상, 멀티미디어 등 다양한 성격의 시청각 기록 가운데 '영상 문화유산'의 가치가 있는 대상을 선별해 공공 차원에서 수집 · 관리 · 활용하는 기관 · 시스템 · 체계 등을 의미한다. 공공 영상 아카이브의 주요 기능은 수집된 콘텐츠의 '장기 보존'과 '접근성 보장'이다.

영상 아카이브가 관리하는 콘텐츠는 수집 단계부터 이미 이용자들에게 공개할 목적을 내포하고 있다. 오스트레일리아의 영상 아키비스트 레이 에드몬슨(Ray Edmondson)은 이와 관련해 영상 아카이브의 주요 목적이 "매체에 기록된 정보에 대한 접근성을 지속적으로 보장하는 일"이라고 말한 바 있다. 글로벌화 · 상업화한 미디어 환경에서 일반 이용자를 위한 보편적 접근권과 문화유산 향유권과 함께, 콘텐츠 저작권자들의 권리 관계 보호 역시 중요한 일이다. 일반적으로 콘텐츠 납본제 또는 의무 제출 제도는 두 가지 가치의 충돌 지점에서 '보존'과 '접근권 보장'을 주된 기능으로 삼는 공공 영상 아카이브의 역할에 법적 근거를 제공한다.

영상 아카이브의 주요 역할은 다음과 같이 정리할 수

있다. 우선 현업 창작자들의 제작비 절감을 지원하고 다양한 재창작을 활성화할 수 있다. 장르나 유형, 제작 규모 등과 관계없이 영상 제작 프로젝트 예산 중 가장 큰 비중을 차지하는 것은 소위 '자료 화면' 구입에 관한 것으로 알려져 있다. 그러나 크리에이터로 지칭되는 1인 창작자나 중소 규모의 외주 제작사, 지역 방송사 등은 안정적인 예산 확보가 어렵기 때문에 무상으로 활용 가능한 사진이나 동영상을 제한적으로 이용하거나, 때로는 별도의 이용 허락 없이 사용해 저작권 문제가 발생하기도 한다. 공공 영상 아카이브가 있다면 제작자가 더욱 자유롭게 해당 자료에 접근하고, 합리적인 절차를 통해 자료 화면을 확보함으로써 제작 과정의 어려움을 해소할 수 있을 것이다.

둘째, 영상 아카이브는 우리 사회의 중요한 역사와 문화의 기록으로서, 이를 다음 세대에 전승하는 역할을 한다. 한국 방송의 역사는 100년이 다 되어 감에도 불구하고 이를 뒷받침할 사료가 매우 미비한 수준이다. 최초의 아날로그와 디지털 방송, 최초 ENG 카메라(electronic news gathering camera: 전자적으로 뉴스를 촬영・녹화하는 장비) 취재물, HD 제작 시스템의 방송 프로그램 같은 방송기술 관련 결과물은 물론, 과거의 생활상, 자연환경이나 풍경 이미지, 공공성 있는 인물이나 사건・사고 자료, 현대사의 여러 주체가 남긴 역사적 증언 등 중요한 기록물과 영상은 아카이브를 통해 보존 공유되고, 공공 차원에서 효과적으로 활용될 필요가 있다.

셋째, 영상 아카이브는 재난 및 국가 주요 비상사태에 대처할 수 있는 방송 영상 콘텐츠 재난 복구(disaster recovery) 시스템의 역할을 한다. 지상파 방송사, 종합 편성 채널, 보도 전문 채널 등 대형 방송사조차 별도의 백업 시스템이 없는 상태에서 지진이나 태풍과 같은 자연재해, 또는 해킹 같은 보안 문제에 대비한 안전한 데이터 관리 대책이 필요하다. 아카이브를 통해 지상파 방송뿐만 아니라 종편, 케이블, 외주 제작사 등을 망라한 다양한 방송 사업자의 콘텐츠를 자체적으로 보관하는 재난 대비 센터를 함께 마련하게 된다. 이를 통해 각각의 사업자들이 운영했을 때 발생하는 관리 비용을 절감하는 효과를 기대할 수 있다. 뿐만 아니라 데이터 손실이 발생했을 때 해당 시스템을 통해 즉각적인 복구가 가능하다.

넷째, 영상 아카이브에 다양한 방송 사업자와 미디어 주체가 참여했을 때, 참여 주체들의 콘텐츠 가치는 더욱 향상될 것이다. 아카이브를 통해 콘텐츠가 수집되고 이를 유·무상으로 활용할 수 있는 체계가 마련되면, 공개된 콘텐츠는 좀 더 다양한 방식으로 부가 가치를 창출하게 될 것이다. 영상 아카이브는 이용자가 원하는 콘텐츠의 권리자를 확인하고 필요한 비용을 지불하면서 이를 활용하는, 콘텐츠 창작 자원의 거래 플랫폼이 된다. 현재 이러한 효과가 작동되는 한 사례는 유튜브라고 할 수 있다. 그러나 유튜브는 수익을 목적으로 개발된 동영상 공유 플랫폼이다. 국가 차원에서 공공 활용이 가능한 방송 영상 콘텐츠 수집이 이루어지고, 좀 더 공신력 있는 플랫폼에서 콘텐츠가 활용된다면 그 가치는 더욱 커질 것으로 전망된다.

궁극적으로 공공 영상 아카이브가 추구하는 목표는 아카이브 구축과 운영을 통해 대국민 문화 복지에 기여하는 것이다. 즉, 시민들은 아카이브를 통해 매일 제작 방영되는 방송 영상 콘텐츠를 좀 더 쉽고 편하게 감상하고 이용함으로써 문화 향유권을 보장받을 수 있다. 특히 과거의 영상 자료가 제대로 보존되지 못하고 있는 상황에서, 영상 아카이브는 시대를 불문하고 시민들이 찾아 보고자 하는 '국민 드라마'와 '국민 예능'을 접하는 데 도움을 줄 수 있다.

영상 제작 현장의 활용

현재 방송사의 디지털 아카이브는 대체로 사내 프로그램 제작 위주로 활용되고 있으나 공공 영상 아카이브가 구축되면 방송 영상 분야의 제작 효율화에 크게 기여할 것으로 보인다. 기존 대형 방송사는 물론, 중소 지역 방송사, 외주 제작사, 콘텐츠 크리에이터에 이르기까지 아카이브의 소재 자료, 푸티지(footage: 영화나 영상 제작 시 미편집한 원본), 클린본(clean copy: 방송 제작 과정에서 최종 편집된 영상에서 자막, 로고, 그래픽, 워터마크 등과 같은 추가적인 시각 요소가 제거된 원본 영상), 방영본 등 필요한 영상을 검색하고 저작권을 확인하고 적절한 포맷을 구입해 다양한 형태로 원하는 영상을 재창작할 수 있게 된다.

현재 제작자들은 관련 영상 검색을 위해 유튜브에 주로 의존하며, 그 외 KTV e영상역사관, KBS, MBC 등 각 방송사 아카이브, 미국 국립 기록 관리청(National Archives and Records Administration: NARA) 등을 이용하고 있다. 국내 방송사 아카이브에는 구한말과 해방 직후, 한국전쟁 영상 등 역사적 사료가 있어, 영상 창작자들은 이를 이용해 새로운 역사적 사실을 발견하거나 혹은 다른 관점의 해석 근거를 찾기도 한다. KBS의 '만삭의 위안부'로 알려진 일본군 '위안부' 관련 기록 영상, 뉴스타파의 다큐멘터리 영화 〈판문점〉(2024)은 미국 NARA에서 발굴한 영상 자료를 기반으로 제작됐다. 선댄스영화제에서 호평받은 〈백남준-달은 가장 오래된 TV〉(2023)와 같은 영화는 국내 각 방송사의 영상 자료를 활용할 수 있어 제작이 가능했다.

방송사들의 아카이브를 활용한 콘텐츠 제작도 늘어나고 있다. 지역 방송에서는 지역의 콘텐츠를 활용해 지역 문화 보존 프로그램을 제작했다. 제주MBC 시트콤 〈속암수다〉(2020)가 좋은 예다. 또 방송사 차원에서 새로운 실험적 콘텐츠(예: MBC '딩딩대학')를 개발하려고 시도하기도 했다. 한류의 확산으로 해외 미디어 기관과 제작자들의 한국 영상에 대한 수요가 증가하고 있는 것도 고무적인 일이다. 현업 창작자들은 아카이브를 활용해 영상 제작의 폭을 넓히고 제작비를 절감할 수 있기를 기대한다.

교육·연구계의 활용

교육 현장에서도 영상 자료의 필요성이 점점 커지고 있다. 영상 세대 학생들에게 유튜브, 틱톡 같은 친숙한 방식으로 영상 기반 교육 서비스를 제공하는 것이 중요해졌기 때문이다. 교사들은 교양 · 다큐 · 영화 등을 교육 콘텐츠로 활용하고자 한다. 학생들에게 실물을 보여 줄 수 없어 답답했던 역사나 과학, 우주, 여행, 시사 관련 콘텐츠가 특히 유용하다. 교육자들은 아카이브를 활용해 수업의 질을 높이고, 직접 콘텐츠 제작 역량을 키울 수 있으며, 이를 통해 다양한 교수법을 개발할 수 있다.

연구자들은 학술 연구의 목적에 충실한 자료가 확보되어 연구 내용이 질적으로 향상되며, 논리적 · 사회적 이해 수준을 높일 것으로 기대한다. 아카이브의 활용은 양질의 교육 자료의 제작을 가능하게 하고 교육 · 학술 연구 서비스를 고도화할 수 있다.

일반 시민의 활용

현재 방송 영상 콘텐츠에 대한 시청자 서비스는 홈페이지나 앱을 통해 프로그램 재시청을 위한 유튜브 채널을 제공하는 정도에 그치고 있다. 자신이 원하는 영상을 찾아 보고 활용할 수 있는 방법이 매우 제한적이다.

최근에는 개인적인 목적의 저예산 영상, 졸업 작품, 시사 콘텐츠 제작 등을 위해서 영상 자료를 필요로 하는 수요가 늘어나고 있다. 시민들이 다른 관점과 시선으로 사회 현상을 바라보며, 스스로 콘텐츠의 주인이 될 기회를 찾고자 하는 것이다.

레트로 감성에 빠진 젊은 시청자, 이른바 MZ 세대가 과거 콘텐츠를 소비하는 일도 늘어났다. 영상 자료를 활용한 아카이브 콘텐츠가 현재 시점에서 다양한 세대를 연결해 주는 사회적 역할을 할 수 있음을 시사한다. 또 아카이브는 시민을 위한 다양한 주제의 전시, 출판, 미디어 리터러시 교육 자료로도 활용할 수 있다. 방송 영상 콘텐츠는 오픈될수록 활용 가치가 높아진다.

참고문헌

정회경 외(2022). 국내 공공 방송·영상 아카이브 설립을 위한 이용자 수요분석. ≪기록과 정보문화연구≫, 15호, 7-50쪽.

정회경 외(2024). 미디어공공성 구현을 위한 방송영상아카이브 플랫폼 효과 연구: 매클루언의 미디어 태트라드 이론을 기반으로. ≪사이버커뮤니케이션학보≫, 41(2), 177-234쪽.

최효진 외(2024). 국내 지역 방송사 아카이브의 현재와 공공 방송 콘텐츠 아카이브 구축 방향: 자료보관소에서 '공공' 역사저장소로, ≪방송통신연구≫, 봄호, 93-133쪽.

Edmondson, R.(2016). *Audiovisual archiving: Philosophy and principles*(Third Edition). Bangkok: UNESCO Bangkok.

Burgos, A. C., et al.(2017). *Deposit systems for audiovisual works*, IRIS Plus, European Audiovisual Observatory, Strasbourg.

04

영상 아카이브 해외 사례
① 공공 주도형

프랑스, 벨기에, 오스트레일리아 등 주요 선진국에서는 공공 영상 아카이브를 설립해 방송 영상 콘텐츠를 체계적으로 수집 · 보존 · 활용한다. 공공 영상 아카이브는 관련 법에 의해 설치되어 정부나 관련 기관의 공적 재원으로 운영된다. 당대 제작된 콘텐츠를 포괄적으로 수집해 안정적으로 보존 관리하며, 연구, 교육, 창작 등의 공적 목적으로 활용된다.

공공 주도형 공공 영상 아카이브

1980년 유네스코 권고문 발표를 계기로 선진국에서는 공공 영상 아카이브를 설립 · 운영하며, 방송 영상 콘텐츠를 체계적으로 수집 · 보존하고 이를 학술 연구 · 각급 학교 교육 · 영상 창작 등에 활용한다. 이런 기관들은 방송 영상 콘텐츠를 문화유산으로 보존하며, 관리와 공공 서비스를 통해 일반에 공개한다. 법적 근거, 운영 재원, 콘텐츠 수집 및 서비스 제공 방식 등에 따라 다양하게 구분할 수 있지만, 이 책에서는 크게 공공 주도형과 민관 협력형으로 나누어 본다.

여기서 살펴볼 공공 주도형 사례는 프랑스 국립 방송 아카이브(Institut National de l'Audiovisuel: INA), 벨기에 플랑드르 공공 영상 아카이브 미무(Flemish Institute for Archives, Meemoo), 오스트레일리아 국립 영상 음성 아카이브(National Film and Sound Archive: NFSA) 등이다.

프랑스 국립 방송 아카이브

프랑스 국립 방송 아카이브(INA)는 1974년 국영 방송 공사가 해체되면서 설립된 기관으로, 방송 기록물의 수집 · 보존 · 활용을 목적으로 운영된다. INA는 방송 전문 인력 양성, 콘텐츠 제작, 방송 분야 연구 등 국책 연구 교육 기관의 역할도 맡으며, 1995년 프랑스 방송 · 영상 콘텐츠 의무 제출 제도 시행 이후 주무 기관으로서 세계적인 모델로 평가받는다. 이에 따라 국제 필름 아카이브 연맹(Fédération Internationale des Archives du Film: FIAF), 국제 텔레비전 아카이브 연맹(Fédération Internationale des Archives de la Télévision/International Federation of Television Archives: FIAT/IFTA), 국제 영상 음성 아카이브 협회(International Association for Sound and Audiovisual Archives: IASA) 등 영상 아카이브 국제기관에 기관 회원으로 소속되어 있으며, 주로 이사진으로서 주도적 역할을 한다. 한국에서도 2000년대 초반 INA를 모델로 방송 프로그램 보관소를 설립해 2007년까지 운영한 바 있다. INA는 방송 의무 제출 제도, 교육, 연구, 콘텐츠 활용 등 다양한 측면에서 참고할 점이 많은 기관으로 평가된다.

프랑스 방송 의무 제출제 도입과 INA의 수집·관리 대상

1992년 제정된 「의무제출에관한법률(La Loi no 92-546 du 20 juin 1992 relative au depot legal)」에 따라, 프랑스에서는 1995년 이후 방영된 모든 TV와 라디오 프로그램

을 의무 제출받아, 이를 '문화유산'으로 관리하고 있다. 방송 의무 제출제는 현행 프랑스 법 「문화유산법(Le Code de Patrimoine)」, 「커뮤니케이션법(La Loi n° 86-1067 du 30 septembre 1986 relative a la liberte de communication)」 등에 규정되어 있다. 관련 법 조항에는 방송 · 영상 콘텐츠 수집 관리에 관한 INA의 역할과 의무 제출 대상(프랑스 본토 및 해외 프랑스령에서 방송된 모든 텔레비전 · 라디오 방송물), 의무 제출 기한(방송 직후 15일 이내)과 방법이 명기되어 있다. 의무 제출제 시행 초기에는 마그네틱 비디오테이프 자료를 녹화해 INA에 제출했지만, 디지털 방송을 시작한 2000년대 초반부터는 INA 방송 수신 센터에서 실시간으로 TV와 라디오 방송을 수신받고 있다. 2006년부터는 '웹 납본제(depot legal du web)'가 시행되면서 온라인에서 유통되는 통신 콘텐츠를 체계적으로 수집한다. 관련 법에 따라 온라인으로 공개된 콘텐츠도 해당 콘텐츠를 제작 · 방영한 사업자는 배포 시점부터 제출해야 한다.

INA는 2023년 기준 105개 텔레비전 채널, 90개 라디오 스테이션으로부터 방송본을 실시간 수집한다. 매년 100만 시간이 입수되며 매일 15테라바이트(tb)의 데이터가 수집된다. 2022년 기준 2500만 시간 이상의 텔레비전 ·

라디오의 동영상 · 음성 자료, 200만 장 이상의 사진 자료, 그리고 2006년 온라인 납본제 시행 이후에 입수된 3.29페타바이트(pb)의 웹 아카이브 데이터를 보존하고 있다.

프랑스 「커뮤니케이션법」과 방송·영상 콘텐츠 공적 활용

INA에서 수집한 콘텐츠는 「커뮤니케이션법」 제49조에 따라 전량 대국민 공개된다. 과거에는 운영 재원의 70%를 가구당 수신료로 마련했는데, 2023년 방송 수신료가 폐지되면서 해당 재원은 국비에서 조달한다. 운영 재원 차원에서 기관 운영의 공공성을 확보한 한편, 이러한 재원을 통해 운영하는 과정에서 수집한 모든 콘텐츠는 공익 연구 목적으로 활용할 수 있도록 공공에 개방하는 것이다.

INA는 공공 서비스를 제공하기 위해 주요 이용자를 교육 · 연구자(researchers), 현업 이용자(professionals), 일반 이용자(general public) 등으로 구분한다. 이처럼 세 분류로 나뉜 이용자들의 콘텐츠 수요에 따라, 서로 다른 이용자 플랫폼을 구축해 서비스를 제공한다. 학술 연구자 대상 이나테크닷에프에르(inatheque.fr), 현업 종사자 대상 이나미디어프로닷컴(inamediapro.com), 미디어클립닷컴(mediaclip.ina.fr), 일반 이용자 대상 이나닷에프에르(ina.fr) 등이 있다. 의무적으로 제출한 모든 콘텐츠가 인증된 교육 · 연구자 등에게 제한된 공간(프랑스 국립 도서관과 협약 기관)에서 전량 공개되고 있다는 점은 국내에서 참고할 만하다.

벨기에 플랑드르 공공 영상 아카이브

미무(Meemoo)는 2020년에 설립한 플랑드르어권 공공 영상 아카이브로, 벨기에 플랑드르 공동체 정부의 예산으로 운영된다. 미무는 2023년 기준 175개 방송사, 박물관, 도서관 등의 시청각 기록물을 디지털화하고 영구 보존하며, 대국민 접근을 지원하는 디지털 아카이빙 전문 기관이다. 미무가 협업하는 기관은 콘텐츠 파트너(content partner)라고 부르는데, 이런 기관의 수는 매년 증가하고 있다. 즉, 미무는 자체 소장 자료를 보유하지 않고, 콘텐츠 파트너가 소장 자료를 관리 · 보존 · 활용할 수 있도록 위탁받아 운영하며, 교육 · 연구 · 시청 등 다양한 플랫폼을 제공한다. 미무는 공공 영상 아카이브 관리와 활용에서 벨기에 문화 디지털 아카이빙의 중심 역할을 하고 있다.

미무는 입수 데이터 관리를 위한 전자 기록 장기 보존 메타데이터 표준인 PREMIS(preservation metadata: implementation strategies) 표준을 준용하고 파트너와의 협약(collaborative agreement)을 바탕으로 파트너 기관으로부터 아날로그 매체 혹은 디지털 데이터를 입수한다. 이 과정을 거쳐 현재 관리하는 175개 파트너의 디지털 자료의 수는 760만 점, 데이터 용량은 25.8페타바이트다. 지금까지 디지털화한 아날로그 매체 수는 54만4000점 이상이다. 2023년 미무 디지털 아카이브에 입수된 디지털 자료는 100만여 점, 데이터 용량은 약 2.5페타바이트다.

플랑드르 공영 방송 VRT는 2016년부터 매일 3테라바이트 용량의 방송 콘텐츠를 전송한다. VRT를 비롯해 콘텐츠 파트너의 시청각 자료에 대국민 접근이 가능하도록 복수의 플랫폼을 운영한다. 대국민 접근 플랫폼 외에도 파트너 기관을 위한 별도의 플랫폼을 운영해 기록물 소장 기관이 상시적으로 관리·활용 현황을 모니터링할 수 있도록 한다.

오스트레일리아 국립 영상 음성 아카이브

오스트레일리아는 「2008년 국립영상음성아카이브법(National Film and Sound Archive Act 2008)」에 따라 오스트레일리아 국립 영상 음성 아카이브(NFSA)를 설립·운영하고 있다. NFSA는 오스트레일리아 연방 국가 기록원(National Archives of Australia: NAA)과 함께 오스트레일리아 시청각 분야 기록 관리 정책 기구로 기능한다.

NAA가 연방 정부 및 지자체의 기록 관리를 담당한다면, NFSA는 국가적 차원에서 영화 · 방송 프로그램, 관련 자료 수집, 수집 자료에 대한 보존 · 유지 · 활용 촉진과 접근성 제고, 오스트레일리아의 국가 기록에 속하지 않는 영화나 음향, 뉴 미디어 유산에 대한 보존 · 활용 등을 담당한다.

오스트레일리아 정부 제작 지원금을 받는 제작사들은 종영했거나 상영이 끝난 작품을 NFSA에서 정한 포맷에 맞춰 영구 보존을 위해 제출해야 한다. 이는 방송 의무 제출 제도와 유사한 성격으로 당대 공공 재원으로 제작된 콘텐츠를 체계적으로 수집하려는 방안으로 이해할 수 있다.

참고문헌

정회경 외(2019). 국내 공공 방송 · 영상아카이브 구축을 위한 해외 사례 분석. ≪미디어, 젠더 & 문화≫, 34(3), 297-337쪽.

정회경 외(2022). 방송통신 콘텐츠의 공적 활용 방안. 한국방송광고진흥공사.

최효진(2021). '공공영상문화유산'아카이브 구축 방안 연구: 방송·영상컬렉션 수집 및 활용 방향. 한국외국어대학교 박사학위논문.

최효진(2024). 인공지능(AI) 기반 방송미디어 아카이브 관리와 공적 활용 해외 사례: 프랑스 국립방송아카이브 이나(INA) & 벨기에 플랑드르 공공영상아카이브 미무(Meemoo). ≪미디어 이슈 & 트렌드≫, 64호, 한국방송통신전파진흥원, https://www.kca.kr/Media_Issue_Trend/vol64/KCA64_23_trend.html

Institut National de l'Audiovisuel, https://www.ina.fr

Meemoo, https://meemoo.be

National Film and Sound Archive, https://www.nfsa.gov.au

05

영상 아카이브 해외 사례
② 민관 협력형

영국과 미국은 미디어 사업자와의 협력을 기초로 민관 협력형 공공 영상 아카이브를 운영한다. 공공 주도형 공공 영상 아카이브는 법적 근거와 운영 재원에 의해 운영되는 반면, 민관 협력형 아카이브는 미디어 사업자 등 권리자와의 협의를 통해 수집 대상과 방법을 결정하며, 컬렉션을 구성해 공적으로 활용된다.

민관 협력형 공공 영상 아카이브

관련 법의 설치 근거와 운영 재원에 의해 운영되는 공공 주도형 공공 영상 아카이브와 달리, 민관 협력형 공공 영상 아카이브는 콘텐츠의 권리자 등 이해관계자의 참여를 기반으로 운영된다. 콘텐츠를 제작·방영한 방송사를 비롯해 이해관계자와의 협의를 통해 수집 대상과 수집 방법을 정하고, 이를 기초로 컬렉션을 구성하고 공적으로 활용한다. 우리나라의 국가기록원은 「공공기록물법」에 따라 한국영상자료원과 일부 지상파 방송사와 수집 협의를 통해 영화와 방송 콘텐츠를 국가 차원에서 사본을 수집한다는 점에서 부분적으로 공공 영상 아카이브의 역할을 한다.

방송·통신 융합 환경에서 다양한 영상 산업 주체가 등장하고 민간 플랫폼을 활용한 비즈니스 모델 창출이 가능한 상황에서 많은 국가가 이 같은 방식으로 공공 영상 아카이브를 운영하며, 이해관계자들의 저작권을 보호하고 시민의 문화적 권리 또한 보호하는 체계를 갖추고 있다. 다양한 사례가 있지만 영국 영화 협회(British Film Instiute: BFI)와 미국 의회 도서관의 공영 방송 아카이브(American Archive of Public Broadcasting: AAPB)를 살펴본다.

영국 영화 협회

영국 영화 협회(BFI)는 1933년 설립되었으며, 왕실 칙허장(royal charter)에 의해 관리되는 공적 자선 단체로서 영화, 텔레비전과 동영상을 관리한다. BFI의 운영 기금은 정부 보조금, 복권 기금, BFI의 자체 수익과 각종 공공·민간 기관 등 다양한 성격의 재정적 지원과 후원으로 구성된다.

BFI의 주요 역할은 관객을 위해 영화관, 페스티벌, 온라인상에서 세계적인 영화를 선별 발표하는 것이다. 더불어 세계에서 가장 중요한 영화·텔레비전 아카이브의 역할을 하며, 차세대 영화인을 적극적으로 발굴·지원하고, 영국을 국제적으로 가장 창의적이고 흥미롭게 영화를 제작하는 곳으로 만들기 위해 정부·업계와 협력한다. BFI의 주요 목적은 영화, 텔레비전과 동영상 예술의 발전을 장려하고, 동시대의 생활 방식을 기록하고, 영상 교육을 촉진하며, 영국 전역과 세계 영화·영상물에 대한 일반인의 접근·감상을 촉진하는 것이다. 또한 영국의 동영상 역사를 기록하고, 문화적 유산으로 인식해 축적하며, 이들 컬렉션을 구축·관리·개발하는 것이다.

「공공기록물법(Public Records Act 1958)」 제4조는 공공 기록물 보존 장소에 대한 내용을 담고 있다. 영국의 공공 기록물 주무 기관은 영국 국가기록원(The National Archives)이지만, 영화 · 방송 콘텐츠는 BFI의 전문 인프라와 노하우에 의해 관리된다. 즉, BFI는 규칙 · 정관에 따라 영화, 텔레비전 방송 프로그램을 수집 · 보관하는 기관의 기능을 수행한다. 과거에는 국립 영화 방송 아카이브(National Film and TV Archives: NFTVA)라는 기관명이 있었지만, 2006년 기관명 변경에 따라 NFTVA라는 말은 더 이상 쓰지 않고 현재는 BFI로 통칭한다.

2023년 BFI는 '비에프아이 리플레이(BFI Replay)'라는 프로젝트를 통해 소장 중인 필름, 비디오테이프 등 아날로그 매체를 일반 시민이 열람할 수 있도록 했다. 아날로그 매체를 전량 디지털화하고, 디지털화한 영상을 BFI 열람실과 영국 영토 내 국공립 도서관에서 일반 시민들이 시청할 수 있도록 한 것이다.

BFI와 미디어 사업자의 협력

BFI가 수집하는 콘텐츠의 범위는 영화, 텔레비전, 다큐멘터리, 사회 역사, 예술가와 실험 작가들의 작품과 디지털 기술로 만들어진 동영상 이미지 등 다양한 형태를 포함한다. 1950년대 이후 방송물은 물론 소재 자료로 활용된 자료까지 수집 관리하는데, 광고, 트레일러, 예고편 등 특정 프로그램을 둘러싼 다양한 자료의 수집, 관리, 서비스가 이에 해당한다. BFI는 영국 방송 통신 규제 기관(office of communications: OFCOM)의 규제에 따라 BBC와 같은 공영 방송사는 물론이고 BFI 아카이브 유지 관리 의무가 있는 방송사인 ITV, Channel 4, Channel 5 등을 포함한 10개 민영 방송사의 자료를 녹화한다. 이 가운데 일부 민영 방송사로부터는 방송용 마스터 품질의 자료를 이관받는다. BBC는 정부와의 협약을 통해 자체적으로 방영물을 보관하고, 폐기 대상으로 분류한 영상 자료를 BFI에 기증한다. 이를 통해 BBC 자료에 대한 일반인의 접근권을 높인다.

2022년 넷플릭스 UK와 BFI는 협약을 통해 넷플릭스 콘텐츠 26편을 수집하기로 합의했다(BFI, 2022.10.31). 〈브리저튼〉(2020~2024), 〈탑 보이〉(2011~2023), 〈더 디그〉(2011) 등 현대 영국 문화를 반영하는 26개 작품이 BFI의 큐레이션 기준에 따라 선정되었으며, 총 146시간, 175개 에피소드로 구성되었다. 넷플릭스 콘텐츠를 현대 영국의 문화유산으로 인식한 BFI와 넷플릭스 UK의 공감대가 이번 협의를 가능하게 했으며, 두 기관 간 지속적인 협력 사업으로 쌓은 신뢰가 중요한 배경이 되었다. 2023년부터는 아마존 프라임과 함께 OTT 콘텐츠 수집 협의를 시작한 것으로 알려져 있다.

미국 의회 도서관

미국 의회 도서관(Library of Congress)은 1976년에 제정된 「미국텔레비전및라디오아카이브법(American Television and Radio Archives Act)」에 따라 방송 영상 콘텐츠를 수집·관리하는 공공 영상 아카이브다. 관련 법에는 아카이브의 설립 목적이 명시되어 있는데, 관련 조항에 따르면 의회 도서관은 방송 영상 콘텐츠를 미국 국민의 유산으로 영구 기록으로서 보존하고, 역사가나 학자에게 저작권 침해에 허용되지 않는 범위에서 제공해야 한다. 이러한 법적 근거에 따라 의회 도서관 내에 동영상·음성 자료 관리과(The motion picture, broadcasting and recorded sound division: MBRS)라는 부서를 만들어 체계적으로 방송 프로그램과 녹음 자료를 수집하기 시작했다.

공영 방송 아카이브 프로젝트

2013년부터 미국 공영 방송 공사(Corporation of Public Broadcasting: CPB)의 후원을 받아 의회 도서관은 보스턴 공영 방송사(WGBH)와 협력해 '공영 방송 아카이브

(AAPB)'를 운영하고 있다. 이 프로젝트는 PBS를 비롯한 전국 공영 방송사의 컬렉션을 하나의 플랫폼에 통합하고, 수집된 영상과 메타데이터를 데이터베이스화해 일부를 대중에 공개하는 공공 서비스를 제공한다. AAPB는 1940년부터 2000년대 이후까지 방영된 공영 방송 콘텐츠를 수집하며, 미국 전역에 산재한 1250여 곳의 공영 방송사 중 약 10%인 120여 곳 이상의 공영 방송사가 참여해 콘텐츠와 메타데이터를 제공하고 있다. 참여 방송사는 아날로그 자료의 디지털화를 지원받는 대신 디지털 파일과 메타데이터를 의회 도서관에 제출한다. 2017년 250만 건의 방송 영상 기록물에 대한 목록 조사 작업을 마치고 데이터베이스를 구축했으며, 현재 4만 시간 분량의 6만8000여 개 디지털 파일을 생산해 이 중 약 50%(약 3만 점)를 온라인으로 스트리밍 서비스하고 있다. 온라인에서 공개되지 않은 음성·영상 디지털 자료는 의회 도서관이나 보스턴 공영 방송 미디어 도서관 및 아카이브(WGBH Media Library and Archives)에서 열람할 수 있다.

참고문헌

김수영 외(2024). 공공 차원의 온라인 동영상 서비스(OTT) 콘텐츠 아카이브의 필요성 및 운영 방안에 대한 탐색적 연구. ≪방송통신연구≫, 128호, 34-79쪽.

정회경 외(2019). 국내 공공 방송 · 영상아카이브 구축을 위한 해외 사례 분석. ≪미디어, 젠더 & 문화≫, 34(3), 297-337쪽.

정회경 외(2022). 방송통신 콘텐츠의 공적 활용 방안. 한국방송광고진흥공사.

최효진(2021). '공공영상문화유산'아카이브 구축 방안 연구: 방송·영상컬렉션 수집 및 활용 방향. 한국외국어대학교 박사학위논문.

American Archive of Public Broadcasting, https://americanarchive.org

BFI(2022.10.31). Bridgerton, Top Boy and Heartstopper join the BFI National Archive and the nation's screen heritage, https://www.bfi.org.uk/news/bridgerton-top-boy-heartstopper-bfi-national-archive-netflix

British Film Instiute, https://www.bfi.org.uk

Library of Congress, https://www.loc.gov

06

영상 아카이브 국제기구

세계 각국 공공 영상 아카이브 기관은 영화, 방송, 음악 등 다양한 시청각 문화유산을 보호하고 보존하기 위해 국제기구를 설립해 협력한다. 이들은 시청각 자료의 보존, 관리, 기술적 표준 개발, 교육과 정책 개발, 회원 간 네트워킹을 통해 자료의 지속 가능성을 높이고 접근성을 확대하는 데 주력한다. 영화, 방송, 음악, 구술 기록 등 보존 대상 기록물 유형과 주제에 따라 설립·운영하며, 분야별 전문화된 영상 아카이브 발전을 위한 다양한 사업을 기획·추진한다.

더욱 전문적인 시청각 기록 관리를 위한 글로벌 네트워크 구축

세계 각국 공공 영상 아카이브 기관은 영화 · 방송 · 음악 · 구술 기록 등 보존 대상 영상 문화유산 유형과 주제에 따라 영상 아카이브 국제기구를 설립해 문화유산으로서의 시청각 기록물을 보호 · 보존 · 관리하는 활동을 공동으로 수행한다.

시청각 기록 매체 중 최초의 기록 매체인 필름과 관련한 국제기구가 1938년 국제 필름 아카이브 연맹(Fédération Internationale des Archives du Film: FIAF)이라는 이름으로 설립되었다. 이후 설립된 국제기구로는 국제 텔레비전 아카이브 연맹(Fédération Internationale des Archives de la Télévision/International Federation of Television Archives: FIAT/IFTA), 국제 영상 음성 아카이브 협회(International Association for Sound and Audiovisual Archives: IASA), 상업적 미디어 라이브러리 연맹(Federation of Commercial Audiovisual Libraries International: FOCAL International), 동남아시아-태평양 시청각 아카이브 협회(SouthEast Asia & Pacific Audio-visual Archives Association: SEAPAVAA), 음향 녹음과 사운드 아카이브 협회(Association for Recorded Sound

Collections: ARSC), 영상 이미지 아키비스트 협회(Association of Moving Image Archivists: AMIA) 등이 있다.

이들은 다양한 매체를 관리하는 세계 각국 여러 기관을 연결하고, 관련 분야에서 국제적인 협력을 강화하는 데 중요한 역할을 한다. 영상 아카이브 국제기구의 활동은 기구의 성격이나 관리 대상 시청각 기록물 세부 유형에 따라 조금씩 다르지만, 크게 시청각 기록물의 보존 관리와 활용에 관한 기술적 표준 개발, 기술 지원과 교육, 정책 개발, 컨설팅, 기관과 전문가 간 네트워킹 등으로 요약된다. 영상 아카이브 국제기구에서는 다양한 성격의 기술적 · 학술적 협력을 통해 시청각 문화유산 관리의 지속 가능성을 높이며, 회원 기관이 보유한 기록물에 대한 접근성을 확대하는 데 주력한다.

국제 필름 아카이브 연맹

국제 필름 아카이브 연맹(FIAF)은 프랑스 시네마테크 프랑세즈(Cinémathèque française), 독일 필름 아카이브(Reichsfilmarchiv), 영국 영화 협회(British Film Institute: BFI), 미국 뉴욕 현대 미술관(Museum of Modern Art: MoMA) 등 4개 기관이 필름 기록물의 보존과 활용을 위해

협력하자는 취지로 1938년 설립했다. 영상 아카이브 국제기구 가운데 역사가 가장 오래된 기구로, 문화유산으로서 영화 필름의 가치를 보존·복원하며 후대에 전하는 데 중점을 두고 있다. 우리나라에서는 한국영상자료원이 FIAF의 회원 기관이며, 이 외에도 전 세계 80여 개 영화 아카이브 기관이 회원으로 가입되어 있다.

FIAF는 지난 1997년 "윤리 강령(Code of Ethics)"을 제정하고 필름 아카이브와 필름 아키비스트의 역할을 규정했다. 이 문서는 필름 아카이브가 컬렉션을 수집·관리·활용하는 과정에서 준수해야 할 역할과 책임을 밝히고 있다. 구체적으로는 필름 아카이브가 보호해야 할 컬렉션의 권리와 향후 컬렉션을 이용할 이용자들의 권리를 비교적 명확하게 규정했다. FIAF의 "윤리 강령"은 필름 아카이브와 필름 아키비스트 역할에 제한된 내용을 담고 있지만, 이후 다른 영상 아카이브 관련 국제기구에서 제정하는 윤리 강령이나 지침, 표준의 원안이 되었다는 점에서 역사적 의의가 있는 문서다.

국제 텔레비전 아카이브 연맹

국제 텔레비전 아카이브 연맹(FIAT/IFTA)은 1977년에 설립된 국제기구로, 전 세계 공영·민영 방송사, 미디어 아카이브의 보존, 관리, 활용을 촉진하기 위해 활동한다. 주로 공영 방송사가 회원 기관이며, 그 외에도 국공립 박물관, 도서관, 아카이브, 대학, 연구 기관, 민간 기업 등 다양한 조직이 회원으로 가입해 있다. 한국에서는 주요 지상파 방송사가 회원 기관으로 가입한 바 있지만, 현재 활동하고 있는 한국 회원 기관은 부재한 상황이다.

FIAT/IFTA의 주요 활동은 연례 월드 컨퍼런스(World Conference) 개최, 연구 포럼 운영, 기술 지침 제공 등이다. 특히 매년 10월에 열리는 월드 컨퍼런스는 전 세계 방송 아카이브 전문가들이 모여 지식과 경험을 공유하는 자리로, 미디어 보존, 디지털화, 접근성 향상 등 다양한 주제를 논의한다. 또한 방송 아카이브의 보존, 디지털화, 접근성 향상, 윤리적 문제 해결 등과 관련된 지식과 기술을 공유하며, 전 세계 방송사 및 아카이브 기관 간의 협력을 촉진하는 역할을 한다.

국제 영상 음성 아카이브 협회

국제 영상 음성 아카이브 협회(IASA)는 1969년 설립되어 전 세계의 음향과 시청각 자료의 보존, 관리, 접근성을 촉진하기 위해 활동한다. 전 세계 70개 이상의 국가에서 다양한 시청각 아카이브 기관과 개인 회원을 보유하고 있으며, 이들을 통해 글로벌 네트워크를 형성한다. 음향과 시청각 자료의 보존과 관리에 관한 기술 지침과 표준을 개발해, 관련 기관들이 이를 활용할 수 있도록 한다.

지난 2011년『영상 아카이브의 윤리적 원칙』에서, 수집 · 보존 · 활용 등 영상 아카이브가 기능별로 준수해야 할 기본 원칙을 정리한 바 있다. 법적 근거, 관리 대상 컬렉션의 특징이나 이용자 수요, 콘텐츠 공급자와의 관계 등에 따라 영상 아카이브의 역할은 기관별로 다르지만, IASA는 그러한 차이에도 불구하고 '영상 문화유산'을 보호하는 체계를 갖춘 영상 아카이브라면 준수해야 할 최소 요건을 권고한다. 해당 문서는 영상 아카이브의 역할을 입수(acquisition), 관리 및 보존(processing and preservation), 접근권 보장(providing access) 등 3단계로 구분하고, 이와 별도로 지식 재산권 보호와 관리, 저작권과 관련한 아카이브 기관의 책임 등을 정리했다.

또한 매년 국제회의와 워크숍을 개최해 회원 기관들이 최신 기술과 정보를 공유하게 함으로써 시청각 아카이브 분야의 발전을 도모한다. IASA 저널과 기술 보고서 등을 발행해 시청각 아카이브와 관련된 연구 결과와 사례를 널리 알린다.

동남아시아-태평양 시청각 아카이브 협회

동남아시아-태평양 시청각 아카이브 협회(SEAPAVAA)는 1996년 설립된 국제기구로, 영상 아카이브 국제기구로는 역사가 가장 짧다. 동남아시아와 태평양 지역의 시청각 유산의 보존, 관리, 활용을 촉진하고 아카이브 간 협력을 도모하는 것을 목적으로 한다. 동남아 지역 영화, 텔레비전, 라디오 방송, 오디오 녹음 등 다양한 시청각 자료에 관심이 있는 전문 아카이브 조직들의 이익을 대표하며, 공공 부문뿐만 아니라 방송, 예술, 유산, 교육, 정보 부문 전반에 걸쳐 활동한다. 한국영상자료원은 오랜 기간 옵서버(observer) 회원(발언권은 있으나 의결권 · 발의권이 제한되는 회원)이었지만, 지난 2018년 태국 방콕에서 열린 제22차 SEAPAVAA 총회에서 정회원으로 가입이 승인되었다.

세계 영상 아카이브 협회 협의회

FIAF, FIAT/IFTA, IASA 등 영상 아카이브 국제기구는 국제 기록 관리 협의회(International Council on Archives: ICA), 국제 도서관 협회 연맹(International Federation of Library Associations and Institutions: IFLA)과 함께 세계 영상 아카이브 협회 협의회(Coordinating Council of

Audiovisual Archives Associations: CCAAA)라는 협의체를 구성해 시청각 문화유산 보호 · 보존, 전문적인 영상 아카이브 운영과 관련한 다양한 활동을 전개한다. CCAAA는 시청각 자료의 보존과 접근성을 촉진하기 위한 정책 개발, 기술 지원, 교육 프로그램을 운영하며, 국제적 협력을 통해 시청각 유산의 지속 가능한 보존과 활용을 지원한다. 특히 매년 10월 27일 '세계 시청각 유산의 날(World Day for Audiovisual Heritage)'을 기념해 CCAAA 회원 협회와 기관은 영상 아카이브의 가치와 보존 필요성을 인식하게 하는 세미나, 전시, 상영 행사 등 대시민 캠페인 활동을 개최한다.

참고문헌

정지나 · 김건(2017). 영상아카이브 개념에 대한 역사적 고찰. ≪한국기록관리학회지≫, 17(4), 109-126쪽.

최효진(2021). '공공영상문화유산'아카이브 구축 방안 연구: 방송·영상 컬렉션 수집 및 활용 방향. 한국외국어대학교 박사학위논문.

Coordinating Council of Audiovisual Archives Associations, https://www.ccaaa.org

Edmondson, R.(2016). *Audiovisual archiving: philosophy and principles*(Third Edition). UNESCO Office Bangkok and Regional Bureau for Education in Asia and the Pacific.

Federation Internationale des Archives de la Television,

http://www.fiatifta.org
Federation Internationale des Archives du Film, https://www.fiafnet.org
International Association for Sound and Audiovisual Archives(2011). *Ethical Principles for Sound and Audiovisual Archives.* IASA Special Publication No. 6, https://www.iasa-web.org/ethical-principles
International Association for Sound and Audiovisual Archives, https://www.iasa-web.org
International Federation of Film Archives, FIAF Code of Ethics, https://www.fiafnet.org/pages/community/code-of-ethics.html
Southeast Asia-Pacific Audiovisual Archive Association, https://seapavaa.net

07

영상 아카이브 국내 사례 ① 방송사

국내 방송사별로 영상 아카이브 공개와 서비스 형태가 다르다. KBS는 아카이브를 주로 사내 제작에 활용하며 일부 공공 서비스 플랫폼을 시도하고 있다. MBC는 사내 제작에 활용하는 한편 일부 아카이브를 공개해 저작권 판매 B2B 플랫폼을 운영하고 있으나 서비스 편의는 부족하다. EBS는 아카이브 사내 제작 활용 외에 유료 구독 서비스 플랫폼을 운영하고 있다.

KBS

KBS는 법적 근거에 따라 부여받고 있는 공적 책무가 명확하다. 그런 점에서 지금까지 국내에서 추진해 온 방송 영상 분야 공공 영상 아카이브 구축 관련 정책에서 KBS의 참여가 항상 우선적으로 논의되어 왔다. 영국 BBC의 크리에이티브 아카이브 라이선스(2006)나 일본 NHK의 아카이브 개방 사례(2009)가 발표되면서, KBS 역시 공영 방송의 책무를 수행한다는 차원에서 여러 차례 아카이브 개방 계획을 검토한 바 있다.

KBS 아카이브는 방영 프로그램과 취재 원본을 뜻하는 소재 영상, 음성과 사진, 도서 등으로 구성되어 있다. 사내의 모든 콘텐츠를 디지털화하고 이를 보존하는 디지털 아카이브 K-DAS를 구축했고, 이를 사내 제작 시스템과 연계해 제작 지원한다. KBS 아카이브 홈페이지에서 공개하고 있는 소장 영상은 2023년 12월 31일 기준, 필름 13만여 점과 테이프 25만8000여 점, 디지털 파일 97만8000여 점 등이다.

KBS 아카이브는 사내 콘텐츠 관리 규정에 따라 사내 제작 목적 이외의 이용을 제한한다. 사내 제작 목적 이외에는 일부 MBC나 SBS 등 타 방송사의 자료 협조 요청이 있을 때 이를 지원하는 것으로 알려져 있다. 방송사 운영의 주요 재원이 수신료이며, 「방송법」상 공적 책무가 규정되어 있음에도 KBS 아카이브는 소장 자료 목록을 공개하지 않고 있다는 점을 오랫동안 지적받아 왔다. KBS 아카이브가 제공하는 공공 서비스는 방영된 프로그램을 홈페이지나 앱을 통해 VOD로 제공하거나, 유튜브에 개설된 주제별 채널에서 아카이브를 활용해 제작한 콘텐츠를 공개하는 정도이기 때문이다. 이러한 지적에 대해 KBS에서는 아카이브 외부 개방이 저작권과 초상권 이슈와 관련되어 있다고 설명하기도 했다.

그러나 최근 KBS는 자사가 발굴한 영상 자료를 공개하는 방식으로 공공성 강화에 힘쓰고 있다. 가령 2020년 '만삭의 위안부'로 알려진 일본군 '위안부' 기록 영상 등 미국 국립 기록 관리청(National Archives and Records Administration: NARA)에서 발굴한 영상과 2021년 KBS 1TV에서 방영한 〈오월의 기록〉을 제작하는 데 활용된 해외 발굴 영상 등을 〈다큐 인사이트〉 홈페이지와 유튜브에 공개했다. 또 2022년 영상 클립, 이미지, 오디오를 활용할 수 있는 공공 스톡 콘텐츠 서비스 'KBS 바다'를 시작했고, 2023년 대한민국 역사박물관과 공동으로 다큐멘터리 제작 과정에서 발굴한 기록 영상을 공개한 '움직이는 현대사' 서비스를 출범했다.

MBC

MBC는 2015년 아카이브 전용 B2B 플랫폼을 개설해 방송 프로그램, 항공 촬영본, 제작 현장 이미지 등의 콘텐츠를 기관들이 검색 열람하고 필요할 경우 저작권을 구매할 수 있도록 하고 있다. 약 23만 건의 자료를 구독 기관 이용자(업무, 교육, 연구 등을 목적으로 한 방송사, 기관, 학교, 도서관 등)에게 제공하고 있다.

'MBC 아카이브'의 주요 고객은 종합 편성 채널 등 타 방송사 · 외주 제작사 · 교육 콘텐츠 회사 등이다. 2010년대 초 출범한 종합 편성 채널의 경우, 과거 소장 자료가 적기 때문에 판매용으로 공개된 아카이브의 수요가 많은 편이다. 또 방송 영상 자료를 활용해 다양한 교육 콘텐츠를 제작하려는 회사들의 아카이브 수요도 크다. 'MBC 아카이브'는 저작권 기반 B2B 판매 플랫폼이지만, 최근에는 MBC의 과거 방송 프로그램을 시청하고자 하는 개인이 개별적으로 월 구독료를 납부하고 이용할 수도 있다.

'MBC 아카이브'는 서비스 콘텐츠를 장르 및 주제별로 분류하는데, 장르별로는 교양 · 다큐 · 드라마 · 보도 · 스포츠 · 연예 오락 · 예술 공연 · 라디오 등으로 나누고, 주제별로는 자연과 환경, 역사, 인물, 문화 예술 등으로 구분한다. 다양한 주제의 콘텐츠 가운데 이용자들이 최근 많이 찾는 자료는 방송 시장의 인기 트렌드에 따라 음악이나 예능 프로그램, 뉴스 영상 등으로 알려져 있다. 아카이브 콘텐츠는 대표 이미지인 섬네일뿐만 아니라 제목과 부제, 방송(촬영) 일자, 영상 길이나 과금 정보 등을 함께 제시한다.

그러나 2015년 출범 이후로 콘텐츠 업데이트가 원활하게 이루어지지는 않은 것으로 보인다. 콘텐츠 검색과 열람은 온라인으로, 추가 콘텐츠 검색 지원, 주문, 과금 등은 오프라인(이메일 및 전화)으로, 온 · 오프라인 서비스가 혼재되어 운영된다. 플랫폼에서 검색되지 않은 콘텐츠는 담당자 개입에 의해 수동적으로 제공하기도 하는데, 현재는 플랫폼의 절대 이용량이 많지 않기 때문에 가능한 일이다. 본격적인 아카이브 개방과 운영을 위해서는 온라인 플랫폼을 통한 영상 자료의 검색 · 열람 · 다운로드 등 기능 요건이 체계적으로 구현되어야 할 것이다.

MBC는 다른 방송사들과 비교해, 영리 목적이긴 하지만 콘텐츠를 개방해 창작, 교육, 연구 등 2차 활용이 가능하도록 가장 먼저 정책을 수립했다는 점에서 긍정적으로 평가된다. 하지만 이를 B2B 전용 서비스로 제한해 일반 시청자들이 검색, 열람, 개인 소장 등을 자유롭게 할 수 없다는 점에서 적극적인 공공 서비스를 제공하고 있다고 보기 어렵다.

EBS

EBS는 국내 방송 영상 분야 공공 영상 아카이브 관련, 시청자 개방 정책을 비교적 빠르게 마련한 방송사로 꼽힌다. 2010년 공교육 시스템에서 교육 방송 콘텐츠 활용을 목적으로 교육 디지털 리소스 뱅크(Educational Digital Resource Bank: EDRB)를 구축했고, 이어 2012년부터 'EBS 클립뱅크'라는 서비스를 통해 학생과 학부모, 교사가 방송 콘텐츠를 활용할 수 있도록 플랫폼을 마련했다. 그러나 해당 서비스는 이용률이 저조해 2020년 1월 종료되었고, 일부 콘텐츠는 유튜브 채널을 통해 공개 중이다.

EBS는 디지털 제작 시스템 구축 당시 보유 중이던 콘텐츠 대부분을 디지털화해 프로그램 제작과 각종 사업에 활용하고 있다. 연간 평균적으로 방송 콘텐츠 3만5000여 건, 소재(영상) 자료 1만여 건, 음원 · 사진 2만여 건 등이 입수되어 아카이브에 60만여 건의 자료가 소장되어 있다. 교육 디지털 리소스 뱅크에 구축된 콘텐츠는 사내 프로그램 제작에 주로 활용되고 있다. EBS TV, EBS 라디오, 다시보기용 웹사이트 외에도 특정 교과목(영어, 수학, 소프트웨어, 종합 외국어 등), 학급별(EBS 초등, 중등, EBSi 등),

교육 대상별(시각 · 청각 장애인 대상, 또는 다문화 한글 교육 등)로 교육 플랫폼을 별도로 만들어 유 · 무료 서비스를 제공 중인 것으로 알려져 있다.

EBS에서 방영한 방송 콘텐츠들은 다른 방송사와 마찬가지로 유튜브 채널을 통해 공개된다. 2020년에는 기존의 방송 콘텐츠를 활용해 만든 '클래스e' 유료 구독 서비스를 출시한 바 있다. '클래스e'는 EBS의 통합 강의 브랜드로서, 지난 20여 년간 제작해 온 다양한 강의 프로그램 중 주제별로 프로그램을 선별해 유료 온라인 서비스를 하고 있다. EBS 내부에서도 이러한 과금 모델이 과연 공영 방송에서 추진하기에 적절한 것인가 논란이 있다. EBS의 유료 구독 서비스가 시청자들의 수요에 부합하는 서비스인지, 조회 수 · 매출 등 경영적인 성과 지표, 공영 방송 서비스의 범위와 질적 평가 등 앞으로 이에 대한 종합적인 논의가 이루어질 필요가 있다.

참고문헌

정회경 외(2024). 미디어공공성 구현을 위한 방송영상아카이브 플랫폼 효과 연구: 매클루언의 미디어 태트라드 이론을 기반으로. ≪사이버커뮤니케이션학보≫, 41(2), 177-234쪽.

정회경 외(2022). 방송통신 콘텐츠의 공적 활용 방안. 한국방송광고진흥공사.

최효진(2021). '공공영상문화유산'아카이브 구축 방안 연구: 방송·영상컬렉션 수집 및 활용 방향. 한국외국어대학교 박사학위논문.

EBS 클래스e, https://classe.ebs.co.kr

KBS 근현대사 아카이브, https://archive.much.go.kr/history_films.do

KBS 바다, https://bada.kbs.co.kr

KBS 아카이브, http://kbsarchive.com

MBC 아카이브, https://www.mbcarchive.com/include/about.aspx

08

영상 아카이브 국내 사례 ② 공공 기관

공공 기관 중에서는 KTV의 아카이브 모델이 가장 주목할 만하다. 개방 공유 플랫폼 KTV 나누리를 운영하며 향후 대국민 서비스를 목표로 하고 있다. 한국영상자료원은 법적 근거에 따라 영화 아카이브의 역할을 하고 있으나 방송 영상 콘텐츠는 포함하고 있지 않다. 국가기록원은 일부 방송 영상 콘텐츠를 협력 기관으로부터 수집해 보존한다. 「공공기록물법」상 방송 영상 콘텐츠는 공공 기관에서 생산한 기록물이 아니기 때문에 체계적인 관리가 어렵다.

KTV 한국정책방송원

KTV '나누리'는 문화체육관광부 예산으로 운영하는 공공기관의 아카이브 플랫폼이다. KTV는 정부 부처가 제작한 영상을 신속히 공개하고 이를 국정 기록물로서 체계적으로 보존 관리하기 위한 목적으로 '개방 공유 포털' 사업을 추진해 2020년 7월 KTV '나누리'를 출범했다.

KTV '나누리'는 2024년 4월 기준, 협약을 맺은 공공 기관과 미디어 사업자 등 100여 개 기관을 대상으로 서비스를 제공한다. 미디어 협력사는 지역 MBC 16개사, 한국 지역 민영 방송 협회 9개사, 한국 지방 신문 협회 9개사, 온라인 미디어 2개사, 국회방송 등 공공 채널 5개사 등이 있다. 대국민 시범 서비스를 제공하는 차원에서, 시청자미디어재단, 한국다큐멘터리네트워크와도 협약을 맺고 있다. KTV가 취재한 촬영 영상, 제작 방영한 뉴스 · 방송 프로그램, 〈대한뉴스〉, 〈문화영화〉 등 근현대사 영상, 각 정부 부처가 제공한 정책 관련 영상 등을 제공한다.

또 협약 기관이 아카이브 자료를 활용해 제작한 콘텐츠를 KTV '나누리'에 업로드해 공유하도록 하고 있다. 공공 차원에서 KTV와 다른 미디어 기관의 방송 영상 콘텐츠가 공유되는 플랫폼의 역할을 하고자 한 것이다. 단, 저작권 이슈로 인해 미디어 기관 간의 상호 다운로드 이용은 제한되고 있다. 2023년 기준 KTV '나누리' 회원들이 아카이브에서 콘텐츠를 다운로드한 결과는 1만9395건, 콘텐츠를 업로드한 결과는 3362건 정도다. 아카이브 플랫폼 운영 연차가 길어지면서 콘텐츠 이용이 증가하고 이용 만족도도 높아지는 편이다.

KTV '나누리'는 이용자가 콘텐츠 검색을 통해 선택한 콘텐츠를 자유롭게 시청한 후 원하는 화질에 따라 다운로드할 수 있도록 서비스한다. 많은 이용자가 온라인 콘텐츠를 제작한다는 점을 고려해 필요에 따라 낮은 화질(480p, 720p)로 제공하기도 하고, 방송용 이상의 화질이 필요한 경우에는 풀(Full) HD급 화질로 제공하기도 한다. 기본 정보로 제공되는 메타데이터 항목은 방송 형태, 촬영 일자, 촬영 장소, 출연자, 관련 기관, 키워드, 공공 콘텐츠 공개 유형(공공누리) 등이다. 또 영상 자료뿐만 아니라 정부 기관이 배포한 브리핑 자료, 보도 자료 등 첨부 파일 다운로드 기능이 있어, 구체적인 정부 발표 내용, 국무 회의 등 관련 참석자 명단 등 추가 정보를 확인할 수 있다.

해외 사례 중에서 프랑스 이나미디어프로닷컴(inamediapro.com: 프랑스 INA이 소장한 콘텐츠 중 상업적 활용이 가능한 콘텐츠를 선별해 판매하는 플랫폼)과 영국 BBC 모션 갤러리(BBC Motion Gallery: BBC 소장 자료 가운데 상업적 활용이 가능한 콘텐츠를 게티이미지에 위탁해 판매하는 플랫폼)에서는 이용자가 선택한 영상자료 중 타임 코드를 선택해 필요한 영상을 부분 다운로드할 수 있는 반면, 국내 플랫폼에서는 이러한 기능이 아직 구현되지 않고 있다.

MBC 아카이브는 플랫폼에서 다운로드 기능을 막아 놓은 상태고, KTV '나누리'는 이용자가 필요한 해당 콘텐츠를 전체 다운로드해야 한다. 영상 검색과 시청 후, 해당 자료가 필요하면 이용자 게시판에 별도로 요청해 자료를 다운로드할 수도 있다. 이는 MBC 아카이브 담당자가 추가 자료 검색을 지원하는 것과 같이 일종의 '리서치 지원 서비스'로 볼 수 있으나, 플랫폼의 체계적 운영과 향후 플랫폼 이용자 수의 증가를 고려하면, 아카이브 콘텐츠 제공 방식을 개선해야 할 것으로 보인다.

문화체육관광부 예산으로 운영하는 KTV '나누리'는 해외 국공립 기관에서 운영하는 사례인 프랑스 이나미디어 프로닷컴이나 영국 BFI 컬렉션 서치(BFI 소장 영화나 방송 영상 콘텐츠 전체 검색 플랫폼)와 비교할 수 있을 것이다. 그러나 이런 국공립 아카이브 정책 기관이 플랫폼을 운영해 모 기관의 목적 사업을 수행하는 것과 달리 KTV는 정부 정책 홍보 기관으로서 KTV '나누리'의 공공 영상 아카이브 역할과 기능을 어떻게 구체화할 것인가에 대한 고민이 좀 더 필요하다. 프랑스 국립 방송 아카이브(Institut National de l'Audiovisuel: INA)와 영국 영화 협회(British Film Institute: BFI)가 관련 법에 따라 콘텐츠의 수집 · 관리 및 대외 공개와 이용자 서비스를 제공하는 것과 비교해, KTV는 아직 자사 보유 콘텐츠를 대외에 공개해 이용자가 자유롭게 활용하도록 할 법적 근거나 관련 지침이 미비한 상황이다.

한국영상자료원

한국영상자료원은 법적 근거에 따라 국내 영화를 체계적으로 수집 보존하는 영화 아카이브 기관이다. 국제 필름 아카이브 연맹(FIAF)의 회원 기관으로서 FIAF의 지침과 가이드라인에 따라 영화 의무 제출 제도, 대국민 서비스 등을 운영한다.

「영화비디오법」 제35조 '영화 필름 등의 제출'에 따라 현행 영화 의무 제출 제도는 영상물 등급 위원회로부터 극장 상영을 위한 심의를 받은 작품을 대상으로 한다. 상영 등급을 받은 날을 기준으로 60일 이내에 영화 제작자는 디지털 시네마 파일과 영화 대본 등을 제출해야 한다. 2020년 이후 매년 1000편 내외의 작품이 제출된다. 국내 극장 상영작에 한해 사본 두 벌, 대본 한 부를 영화 제작자로부터 의무적으로 제출받는다. 국내에 상영된 외국 영화는 제작 업자 또는 수입 업자가 희망할 경우 제출할 수 있다.

한국영상자료원의 영화 관련 수집 대상은 디지털 시네마 상영용 파일인 DCP(digital cinema package: 디지털 시네마를 상영하기 위한 파일 패키지)와 상영본을 만들기 전 최종 시퀀스 이미지 데이터인 DSM(digital source master), 사운드, 예고편 등이다. 한국영상자료원의 소장 자료는 극영화(feature film), 기록 영상(documentary film), 뉴스 릴(news reel) 등의 필름, 비디오, DVD, 영화 관련 비디오와 오디오 자료, 포스터, 스틸, 시나리오, 도서, 정기 간행물, 의상 · 소품 등 영화 관련 자료들을 포함한다.

한국영상자료원은 극장 상영을 위해 상영 등급을 받은 오프라인 상영작에 한해서만 포괄적 수집과 대국민 서비스를 제공한다. 공동체 상영작, 온라인 상영작 등 극장용 상영 등급이 없는 영화는 의무 제출 대상이 아니며, 이들 영화는 보존 가치가 있는 경우에 한해 선별적으로 수집한다. 의무 제출된 영화 외에도 구매, 기증, 위탁 등의 방식으로 다양한 영상 자료를 수집하고 있으나, 방송 영상 콘텐츠의 수집 여부나 기준은 명확히 밝혀져 있지 않다.

한국영상자료원은 기관의 여러 플랫폼을 통해 한국 영화 작품과 영화인 정보, 동영상, 이미지 등을 비영리 공익 목적으로 검색 열람 서비스를 제공한다. 또한 복원된 고전 영화는 유튜브 채널을 통해 전량 공개한다.

국가기록원

국내 공공 기록물 관리 정책 기구인 국가기록원은 방송 콘텐츠를 비롯한 영상 자료 수집 기능이 대체로 취약한 편이다. 방송 콘텐츠와 영화의 경우, '민간 기록' 범주에 속하는 자료로 분류하고 유관 기관과의 협력에 따라 국가적 차원에서 보존 가치가 높은 영상을 선별해 수집 · 관리한다.

「공공기록물법」 제46조 제1항은 "국가기록원이 국가적으로 보존 가치가 높은 국내외의 주요 기록 정보 자료와 민간 기록물을 수집할 수 있다"는 포괄적인 조항을 두고 있다. 같은 조항 제3항과 제4항에서 국가적으로 영구히 보존할 가치가 있다고 판단되는 영화나 방송 프로그램은 한국영상자료원이나 지상파 방송사의 협조를 통해 중앙기록물관리기관(국가기록원)에서 수집할 수 있도록 하고 있다.

법적 근거에 의한 방송 프로그램과 영화 자료 수집이라고는 하나 조항에서 알 수 있듯이, 관련 기관과의 적극적인 협력 체계가 유지되지 않으면 사실상 수집과 보존이 어려운 정책이다. 여기에 공영 방송의 콘텐츠가 민간 기록으로 분류되어, 국가기록원에서 다루는 공공 기록물에 해당하지 않는 것도 문제다. 실제로 지상파 방송사들과 한국영상자료원과의 체계적인 콘텐츠 수집 협력 체계는 원활히 이루어지지 않아 국가기록원이 확보한 방송 영상 콘텐츠는 그리 많지 않은 편이다. 2008년 이와 같은 수집 정책이 마련된 이후 2023년 12월 말 현재 국가기록원이 수집한 방송 기록물은 9300여 점, 영화 기록물은 1300여 점 정도에 그치고 있다. 이렇게 수집한 방송과 영화 기록물은 이용자의 열람 신청 등에 따라 일부 공개되고 있다.

참고문헌

국가기록원(2024). 2023년도 국가기록원 주요 통계 연보.
국가기록원, https://www.archives.go.kr
영국 BBC 모션 갤러리, https://www.gettyimages.com/collections/bbc-motion-gallery
영국 BFI 컬렉션 서치, https://collections-search.bfi.org.uk/web
프랑스 INA 이나미디어프로닷컴, https://www.inamediapro.com
한국방송통신전파진흥원(2019). 방송·영상 아카이브 필요성 및 운영 방안 연구.
한국영상자료원, https://www.koreafilm.or.kr
KTV 나누리, https://nanuri.ktv.go.kr/login.do

09

인공지능과 영상 아카이브의 만남

인공지능은 영상 아카이브에서 메타데이터 정리, 검색 시스템 설계, 화질 복원 등 다양한 방식으로 활용된다. 국내에서는 지상파 방송사에서 구축한 디지털 아카이브를 중심으로 AI를 활용한 프로젝트를 진행한다. 해외에서는 공공 영상 아카이브를 중심으로 AI를 통해 콘텐츠 관리 효율성을 높이고 대중에 공개하는 서비스를 제공한다.

영상 아카이브와 인공지능

인공지능(AI)은 영상 아카이브에서 메타데이터 정리, 고도화된 검색 시스템 설계, 화질 복원과 파일 복구 등 다양한 방식으로 활용된다. 특히 공공 영상 아카이브 기관은 AI를 활용해 방송 영상 콘텐츠의 수집 · 보존 · 관리 효율성을 높이고, 정리된 메타데이터를 기반으로 대중에 공개하는 공공 서비스를 제공한다. 해외 주요 기관은 공영 방송사와 협력해 AI 기술을 적용한 연구 개발을 진행하며, AI는 영상 아카이브 운영 전반에서 인간을 돕는 중요한 도구로 자리 잡고 있다. 이와 관련해 국내외 영상 아카이브에서 AI를 활용한 사례를 살펴본다.

영상 아카이브의 정리·기술과 AI 활용

영상 아카이브에서 AI는 메타데이터 정리와 기술에 특히 유용하게 활용된다. 기록학 용어로서 정리(arrangement)는 기록을 출처 주의와 원질서 존중 원칙에 따라 계층별로 조직화하는, 지적 · 물리적 처리 과정을 말한다. 기술(description)은 기록을 위한 검색 도구나 기타 접근 도구를 생산하는 과정이나 그 결과물을 의미한다. 기술의 일차 목적은 현재나 미래의 모든 이용자가 원하는 기록을 찾고, 그 의미를 이해할 수 있도록 도와주는 것이다. AI는 방대한 콘텐츠의 정리 · 기술을 자동화해 검색 효율화, 콘텐츠 복원, 맞춤형 서비스 제공 등에 중요한 역할을 한다.

국내 지상파 방송사 영상 아카이브의 AI 활용

국내 지상파 방송사는 영상 아카이브 운영에 AI를 적극 활용하고 있다. AI는 자동 태깅, 콘텐츠 분석, 얼굴 · 음성 인식, 텍스트 추출 등을 통해 메타데이터를 효율적으로 생성하며, 이를 기반으로 고도화된 검색 시스템을 개발한다. 기존에는 메타데이터를 아카이브 담당 부서의 직원들이 수작업으로 입력했으나, AI는 이를 자동화하고 검색 과정을 지능화해 효율성을 높이고 있다. 이 과정은 방대한 콘텐츠의 정보 입력과 검색을 자동화해 사용자 중심의 서비스를 지원한다.

KBS 오픈 아카이브 '바다' 검색 지능화

KBS는 자사 오픈 아카이브 '바다'의 검색을 지능화한 차세대 오픈 아카이브 서비스 모델을 개발하고 있다. KBS '바다'는 전 국민이 콘텐츠 제작, 학습, 교육, 연구 등에 자유롭게 KBS의 콘텐츠를 활용할 수 있도록 선별된 콘텐츠 1만여 점을 제공하는 오픈 아카이브 서비스다. 그러나 콘텐츠의 형태, 내용, 분량 측면에서 정형화되어 있지 않고,

이용자가 검색할 때에도 정제된 제작 정보와 편성 정보를 확인할 수 없어 이와 관련된 내용을 담당자가 일일이 수작업으로 입력한다. 이에 따라 KBS는 지능화·자동화된 방식으로 이용자가 필요한 영상을 부분 검색하고 활용할 수 있도록 하는 '검색 지능화' 서비스를 고민하고 있다. 구체적으로는 인물명(주요 인사, 출연자, 가수, 그룹 이름), 지역명(국가, 도시, 자연 등), 이벤트명 등 고유 명사, 영상 화면에 드러난 사물, 촬영된 영상의 동작과 상황 등 맥락, 촬영 기법(드론, 항공, 부감, 파노라마, 타임 랩스, 미속, 고속 등), 배경, 풍경, 기상 현상 등에 대한 키워드를 자동으로 추출하고 이를 기초로 한 검색 편의 기능을 추가할 계획이다.

MBC '딩딩아이'

MBC는 AI 딥 러닝 기술을 활용해 MBC가 보유한 방대한 방송 아카이브를 자동으로 검색하고 정리하는 프로그램 '딩딩아이(Dingding Eye)'를 개발했다. MBC 사내 벤처 '딩딩대학'(2024년 7월 MBC 자회사 '도스트11'로 출범)이 개발한 딩딩아이는 국내외 유명인 2500여 명의 데이터를 학습해, 해당 인물이 등장하는 장면을 자동으로 검색하고 출력하는 기능을 제공한다. 또한 화면에 나타나는 사물과 인물의 행동을 구체적으로 묘사하는 메타데이터를 생성해, 방송 제작자들이 원하는 자료를 신속하고 정확하게 찾을 수 있도록 지원한다. 딩딩아이는 수작업으로 이루어지던 기존의 아카이브 검색 과정을 자동화해 효율성을 높였으며, MBC 내 예능, 뉴스, 토론 프로그램 등에서 실증 테스트를 거쳐 실제 방송 환경에서의 활용 가능성을 입증했다. 이를 통해 방송 제작 과정에서의 자료 검색과 정리 시간이 크게 단축되어, 콘텐츠 제작의 생산성이 향상되었다.

딩딩아이는 국내에서는 처음으로 10장 이내의 사진만으로도 인물 식별이 가능하도록 '유사도 기반 검색'으로 설계되었다. 또한 문장과 이미지를 동시에 입력해 영상을 검색하는 '멀티모달(Multimodal Model) AI' 관련 검색 요소 기술도 함께 개발해, 더욱 정교한 검색 기능을 제공한다.

해외 공공 영상 아카이브의 AI 활용

해외에서는 방송사뿐만 아니라 공공 영상 아카이브에서도 연구 · 교육 · 창작 등 공적 목적으로 수집된 콘텐츠의 효율적인 보존 관리 및 공공 서비스에서 AI를 적극적으로 활용한다. 최근 여러 영상 아카이브 국제 행사에서 소개된 해외 사례 가운데 프랑스 국립 방송 아카이브(Institut National de l'Audiovisuel: INA)와 벨기에 플랑드르 공공 영상 아카이브 미무(Flemish Institute for Archives, Meemoo)의 사례를 알아본다.

프랑스 INA AI 활용 대국민 서비스 제공

INA는 지난 1999년부터 약 20년간 소장 자료를 전량 디지털화한 이후 2010년대 초반부터 수집된 데이터 분석을 효율적으로 하여 영상 데이터의 정보를 읽어 내기 위한 다양한 방법을 고민해 왔다. 2023년부터는 미디어 분석 데이터를 일반 대중이 접근할 수 있도록 하는 데 주력했다. AI의 도움을 받아 INA 사내 아키비스트가 생성한 데이터를 기반으로, TV 뉴스에서 가장 많이 등장하거나 언급된 인물, TV와 라디오 채널에서 남성 대 여성 화자의 분포, 뉴스 채널에서 가장 많이 언급된 장소와 국가 등을 시각화한 데이터를 생성한다. 지금까지 입수된 데이터를 바탕으로 장소 키워드 3만6150개, 인물 키워드 9만4354개, 얼굴 인식 객체 7만4438개 등을 식별했다. INA는 대국민 아카이브 서비스 제공에서 고도의 데이터 품질 확보, 대중이 이해할 수 있는 가독성 있는 데이터 표현, 일관된 분석 결과 제공, 그리고 즉각적인 오류 인식과 정정 등을 주요 과제로 보고 있다. 국가유산으로서 의무 제출된 TV와 라디오 자료를 국민에게 공개하기 위해서는 공개할 데이터를 정확하게 분석해 양질의 데이터 품질을 확보해야 한다. 즉, AI가 추출한 데이터가 정확하고 의미 있게 제공되는 것이 중요하다는 의미다.

벨기에 미무 '공유된 인공지능' 프로젝트

지난 2022년부터 2023년 말까지 미무는 VRT 방송사를 포함해 미디어 · 문화 부문 120개 기관의 16만 시간에 달하는 동영상 자료의 메타데이터를 개선하기 위한 프로젝트를 수행했다. 미디어 부문에서는 2023년 '공유된 인공지능(Shared AI)'이라는 이름으로 별도의 프로젝트를 추진했다. 이 프로젝트에서는 VRT 및 지역 방송사들과 협력해 지역 맥락에서 미디어 콘텐츠 메타데이터를 강화하는 데 중점을 둔다. 미무가 관리하는 동영상 영상 자료에 포함된 인물에 관한 사전을 구축한 후 해당 인물 사전과의 대조를 통해 입수한 영상 자료의 인물 정보를 자동 인식하도록 하는 AI 기반 소프트웨어를 개발한 것이다. AI를 활용해 3300만 명의 인물을 감지하고, 이 중 20만8000개의 얼굴을 2500명의 인물과 매칭시켰다. 그 결과 330만 개의 얼굴, 650만 개의 고유 명사, 5억 개 이상의 단어를 정리할 수 있었다.

참고문헌

백선하(2022.11.8). MBC 사내벤처 '딩딩대학', 과기정통부 주최에서 뉴테크 융합 콘텐츠 최우수상 수상. ≪방송기술저널≫, http://journal.kobeta.com/mbc-%EC%82%AC%EB%82%B4%EB%B2%A4%EC%B2%98-%EB%94%A9%EB%94%A9%EB%8C%80%ED%95%99-%EA%B3%BC%EA%B8%B0%EC%A0%95%ED%86%B5%EB%B6%80-%EC%A3%BC%EC%B5%9C%EC%97%90%EC%84%9C-%EB%89%B4%ED%85%8C

유정민(2022.10.13). MBC "K-딥러닝 기술, 세계 최대 콘텐츠 마켓서 최초 공개". MBC 뉴스, https://imnews.imbc.com/news/2022/enter/article/6416651_35708.html?utm_source=chatgpt.com

유정민(2023.12.11). MBC, 미디어 유공자 됐다…"공영방송 아카이브에 AI 결합했더니…". MBC 뉴스, https://imnews.imbc.com/news/2023/enter/article/6552012_36161.html?utm_source=chatgpt.com

이동준(2024). 국내 방송·미디어의 AI기술 활용과 미래: KBS AI 트랜스포메이션 현재와 미래. ≪미디어 이슈 & 트렌드≫, 64호, 한국방송통신전파진흥원, https://www.kca.kr/Media_Issue_Trend/vol64/KCA64_11_issue1.html

정병희 외(2024.1). 미디어 창작을 위한 스톡 비디오 아카이브에서의 검색 지능화 설계 및 구현. ≪방송공학회논문지≫, 29(1), https://www.ksbe-jbe.org/xml/39555/39555.pdf

최효진(2024). 인공지능(AI) 기반 방송미디어 아카이브 관리와 공적

활용 해외 사례: 프랑스 국립방송아카이브 이나(INA) & 벨기에 플랑드르 공공영상아카이브 미무(Meemoo). ≪미디어 이슈 & 트렌드≫, 64호, 한국방송통신전파진흥원, https://www.kca.kr/Media_Issue_Trend/vol64/KCA64_23_trend.html

KBS 바다, https://bada.kbs.co.kr

Institut National de l'Audiovisuel, https://www.ina.fr

Meemoo, https://meemoo.be

National Film and Sound Archive, https://www.nfsa.gov.au

10

영상 아카이브의 이슈와 전망

해외 영상 선진국과 비교해 우리나라는 방송 영상 분야 공공 영상 아카이브가 아직 부족하다. 방송 영상 분야 공공 영상 아카이브 구축을 위해서는 아카이브 관련 법과 제도 마련, 영상 메타데이터의 품질 강화, 영상 저작권 가이드라인 제시, 방송사 시스템의 변화, AI 활용 영상 아카이브 기술 개발 등 여러 가지 과제가 남아 있다. 그럼에도 방송 영상 콘텐츠는 우리의 문화적 자산이며, 공공 영상 아카이브를 통해 제대로 보존되고 공개되고 활용되어야 한다.

한국의 공공 영상 아카이브는 왜 아직인가

공공 영상 아카이브는 역사적 · 문화적 가치가 있는, 우리의 삶 속에서 오래 기억되어야 할 방송 영상 콘텐츠를 수집해 이를 자산으로 보존하고, 필요로 하는 다양한 구성원에게 공개해 활용의 가치를 높이려는 목적을 갖는다. 기본 철학과 목적에는 대다수가 공감대를 갖지만 아카이브라는 새로운 미디어 시스템 혹은 제도를 만들어 내는 일이라, 사회적 합의와 이해 당사자들의 협력을 이끌어 내는 것이 과제다. 그럼에도 2018년 공공 영상 아카이브 논의가 재촉발된 이래, 사회적 관심과 토론이 증가하는 것은 고무적인 일이다. 공공 영상 아카이브를 둘러싼 핵심 이슈를 살펴보자.

아카이브 관련 법과 제도 마련

공공 영상 아카이브는 관련 법과 제도를 기반으로 운영되어야 한다. 방송 영상 콘텐츠는 개인의 사적 기록이 아니라 공공 기록의 특성을 갖기 때문에, 공공의 시스템을 통해 방송 영상 콘텐츠의 수집과 보존, 관리와 활용이 이루어져야 한다.

해외에서는 「공공기록물법」, 「방송법」, 방송사와의 협정, 「아카이브법」, 「저작권법」 등을 통해 아카이브가 구축 운영되고 있다. 한국에서도 공공 영상 아카이브 출범을 위한 법, 제도 마련과 정책 프로세스 구축이 필수적이다.

메타데이터의 품질 강화

방송 영상 콘텐츠의 메타데이터 품질 강화와 정리 · 기술 전문화가 필요하다. 방송사가 자사 아카이브를 효율적으로 구축하는 일은 콘텐츠의 가치를 높이고 아카이브 활용을 확대하는 중요한 출발점이다. 이를 위해 메타데이터의 표준화와 전문적인 관리가 필수적인데, 국내 아카이브의 영상 자료는 메타데이터 정보가 부족하고 정확하지 않아 서비스 콘텐츠로서 보존과 활용의 가치가 떨어지는 것이 사실이다.

이용자들은 현재 메타데이터 정보가 충분하지 않아 주제별 분류, 연관 검색어, 연도별 검색 등 원하는 자료를 찾는 데 많은 시간을 허비한다고 토로한다. 아카이브를 통한 체계적인 검색 시스템이 마련되어 있지 않은 것이다. 국내 방송사 중 KTV가 메타데이터의 중요성을 인식하고 영상 자료를 비교적 효율적으로 정리 · 기술하고 있다고 평가받는다. 타임 코드 단위로 장면을 묘사하고 인터뷰나 브리핑 녹취 내용을 요약 제공하며, 각 기관의 설명 자료 등을 첨부 파일로 제공한다. 영상 아카이브 활성화를 위해 여러 방송사가 함께 적용할 수 있는 방송 영상 콘텐츠의 표준화된 메타데이터 가이드라인이 시급히 요구된다.

또 메타데이터 구축에 AI 기술의 활용은 필수적이다. 영상 자료에 포함된 정보를 AI가 자동 식별해 메타데이터를 보완하거나, 영상 자료의 메타데이터를 실시간으로 제공하는 기술을 적용할 수 있다. 효과적인 메타데이터의 구축은 공개된 영상 자료의 활용 가치를 극대화한다.

영상 저작권 가이드라인

영상의 저작권과 초상권 등 권리 관계의 문제 해결은 가장 필수적인 일이다. 권리 관계가 법적으로 정비되고 저작권 가이드라인을 통해, 공개된 영상 자료의 활용 방향을 제시해야 한다.

방송사들은 이러한 문제로 자사 자료를 외부에 공개하는 데 신중한 편이다. 영상의 저작권, 출연자와 일반인의 초상권 등에 대한 가이드라인이 필요하며, 영상을 제공하거나 판매할 때 이런 가이드라인을 적절히 안내할 수 있도록 내부 시스템을 마련해야 한다.

저작권이 해결된 영상을 활용하고자 하는 이용자 입장에서도 이를 적극적으로 바라고 있다. 아카이브에서 영상 소유자의 출처를 표시하고 제작에 참여한 출연자 정보 등을 공식적으로 표기해야 콘텐츠의 저작권자를 쉽게 확인할 수 있다. 이용자들은 영상 콘텐츠를 합법적인 경로를 통해 확보하는 것이기 때문에 저작권 인식과 보호 차원에서도 도움이 된다.

BBC의 영상 판매 플랫폼인 'BBC 모션 갤러리(BBC Motion Gallery)'는 BBC가 소장한 콘텐츠 가운데 저작권이 확보된 일부 영상만 선별해 판매용으로 공개한다. 양적으로는 비교적 적은 수의 영상이 공개되어 있으나, 이용자들은 저작권 정보를 비롯해 사용 제한 사항, 메타데이터 등을 정확하게 확인하고 사용할 수 있다.

앞으로 영상 저작권 시장은 확대될 것이며, 이와 관련된 저작권 전문 기관이나 전문가가 더 필요해질 것이다. 이들은 영상 저작물 등록 및 관리, 영상 저작권 교육, 저작권 보호를 위한 기술적 보호 조치 등의 역할을 할 수 있을 것이다.

방송사 조직과 인력의 변화

방송사들은 영상 아카이브 운영을 위한 조직과 시스템을 체계화할 필요가 있다. 현재는 각 사의 아카이브 조직이 전문화되어 있지 않아 이용자 편의를 고려한 서비스 전략은 기대하기 어려운 실정이다. 이러한 점을 개선하기 위해, 체계적인 방송 영상 콘텐츠 관리와 판매 전문 부서를 운영할 필요가 있다. 'BBC 모션 갤러리'와 같이 방송사에 자사 아카이브 관리와 판매 부서가 별도로 있어야 한다는 것이다. 'BBC 모션 갤러리'는 영상 콘텐츠 판매를 위한 전담 부서를 두고 플랫폼 운영은 '게티이미지'라는 민간 사업자에 위탁하고 있는데, 국내 방송사에서는 아카이브 관련 조직이 전문화되어 있지 않고 업무가 후순위로 밀려 있다.

또 방송사 중심의 현행 영상 콘텐츠 판매 요율을 영화, OTT, 광고, 전시, 문화 예술, 학술 · 교육 등 다양한 이용자를 고려해 개선할 필요가 있다. 지금은 방송 프로그램 제작을 위한 요율 체계 중심으로 운영하기 때문에 국제 영화제, 국내외 공동체 상영, OTT 등 다양한 플랫폼에서 활용하기 어려운 실정이다. 이는 이용자 편의 측면에서 문제가 되고, 영상 저작권 시장의 확대를 제한한다. 영화, 방송 제작, OTT 콘텐츠, 전시, 광고 활용 등 다양한 용도에 따라 판매 요율 체계를 세분화한 프랑스 국립 방송 아카이브(Institut National de l'Audiovisuel: INA)나 영국 영화협회(British Film Institute: BFI) 등 해외 사례를 참고할 필요가 있다.

영상 아카이브 분야의 전문 인력 양성도 필요하다. 해

외에서는 이미 '아카이브 리서처', '아카이브 프로듀서', '저작권 클리어런스 담당' 등과 같이 영역별 전문가들이 활동하고 있는 만큼, 우리나라에서도 관련 직업군을 적극적으로 개발해야 한다.

인공지능 시대의 영상 아카이브

앞으로는 AI 등 신기술 기반의 영상 아카이브 구축과 플랫폼 활용 시스템이 더욱 중요해질 것이다. 현재에도 영상 아카이브 관리를 위해 AI 기반 영상 장면 분석, 자동 검색, 추천, 메타데이터 생성 등 다양한 시도가 이루어지고 있다. 또 AI를 활용한 아카이브 영상 소재의 고품질화, 장르별 영상 분석, 인공지능 영상 학습 데이터 세트 구축 등 아카이브 영상 생성과 분석을 위한 기술 연구가 다양하게 추진되고 있다.

방송사 외부에서도 과거 영상 자료를 활용하는 콘텐츠 제작이 많아진 상황에서, 이러한 기술이 적용된다면 지금보다 훨씬 편리한 아카이브 활용이 가능해질 것이다. 물론 영상의 맥락을 판단하고 영상 정보를 최종 결정하는 부가 가치 높은 일은 여전히 인간의 역할로 남아 있다.

공공 영상 아카이브의 미래와 희망

공공 영상 아카이브는 공공성 가치를 기본으로 이해관계자 참여와 협업의 거버넌스를 지향한다. 해외에서처럼 아카이브가 제공하는 플랫폼은 창작자들에게 콘텐츠를 유상으로 판매하는 창작 지원 플랫폼, 교육 · 연구 등을 목적으로 일반에 무상 제공되는 플랫폼 등 이용 대상과 목적에 따라 다양하게 운영될 수 있다.

그러나 아직 공공 영상 아카이브를 구축하고 운영해야 할 주체가 누구인지, 구축 · 운영에 필요한 재원은 어디서 마련할지, 어떤 프로세스를 통해 공공 아카이브를 구체화 · 현실화할 수 있는지 등에 대한 실행 전략이 도출되지 않았다. 또 방송사의 다양한 콘텐츠 가운데 어떤 대상이 공공 콘텐츠로서 외부에 개방돼야 하는지, 선별 기준과 활용 가치는 무엇인지 등에 대한 후속 논의도 지속되어야 한다. 그럼에도 미디어 현장에서 영상 아카이브에 관한 관심과 논의는 어느 때보다 활발하다. 해외 영상 선진국의 사례를 볼 때 아카이브 구축과 실행은 어려운 일이 아니다.

참고문헌

정회경 외(2022). 국내 공공 방송·영상 아카이브 설립을 위한 이용자 수요분석. ≪기록과 정보문화연구≫, 15호, 7-50쪽.
정회경 외(2024). 미디어공공성 구현을 위한 방송영상아카이브 플랫폼 효과 연구: 매클루언의 미디어 태트라드 이론을 기반으로. ≪사이버커뮤니케이션학보≫, 41(2), 177-234쪽.

정회경

서울미디어대학원대학교(SMIT) 교수다. ≪중앙일보≫ 기자와 영국 런던대학교 골드스미스칼리지 방문연구원을 거쳐 한서대학교 신문방송학과 교수를 역임했다. 한국여성커뮤니케이션학회 회장을 했고, 현재 새공공영상문화유산정책포럼 이사, 대한민국열린정부위원회 국민참여분과위원장, 한국HCI학회 부회장 등으로 활동하고 있다. 주요 저서로는 『모바일과 여성』(2015), 『PAIRS 문제를 해결하는 융합리서치』(2015), 『뉴미디어 뉴커뮤니케이션』(2014), 『영상미디어교육의 이해』(2013), 『미디어 경영 경제』(2013) 등이 있다. 최근에는 공공영상 아카이브 연구에 집중해 "미디어 공공성 구현을 위한 방송영상아카이브 플랫폼 효과 연구: 매클루언의 미디어 테트라드 이론을 기반으로"(2024), "국내 공공 방송·영상 아카이브 설립을 위한 이용자 수요 분석"(2022), "국내 공공 방송·영상 아카이브 구축을 위한 해외 사례 분석"(2019) 등을 발표했다.

최효진

한국외국어대학교 정보·기록학연구소 책임연구원이다. 프랑스 국립 파리1대학에서 역사학 석사(세부전공: 역사와 시청각), 프랑스 국립 방송 아카이브(INA) Sup 영상유산관리학 석사를 거쳐 한국외국어대학교에서 정보·기록학(기록학) 박사 학위를 받았다. 국내 영상 아카이브 분야 전문가 모임인 새공공영상문화유산정책포럼을 2017년 말 관련 분야 현업 종사자 및 연구자들과 함께 설립하고 현재 상임이사로 일하고 있다. 국제 텔레비전 아카이브 연맹(FIAT/IFTA)에 한국 미디어 아카이브 관련 현황을 발표하여 해외 영상 아카이브 전문가들과 활발하게 교류하고 있다. "공공 차원의 온라인 동영상 서비스(OTT) 콘텐츠 아카이브의 필요성 및 운영 방안에 대한 탐색적 연구"(2024), "미디어 공공성 구현을 위한 방송영상아카이브 플랫폼 효과 연구: 매클루언의 미디어 테트라드 이론을 기반으로"(2024), "국내 지상파 방송사의 아카이브 개방·공유 사업과 아카이브 이용자 연구: KBS 5.18 아카이브 시민공유 프로젝트 〈5월이야기〉 공모전 사례를 중심으로"(2023) 등 KCI 등재 학술지에 영상 아카이브 관련 주요 논문을 게재했다.